耿慧勇 杨志 姜赫阳 / 编著

9堂课

玩转**抖音**＋
剪映短视频

清华大学出版社

北京

内 容 简 介

本书基于当下热门的抖音短视频平台及剪映视频编辑处理App进行编写，对抖音平台玩法、剪映App剪辑创作及抖音平台运营变现等内容进行了全方位讲解。

本书共9课，分别讲解了抖音短视频的内容策划、拍摄方法、视频编辑处理方法，以及拍摄热门同款视频、发布视频的技巧、品牌营销、"引流吸粉"和抖音直播等内容。本书内容全面、条理清晰、通俗易懂、案例丰富，能够帮助读者快速掌握抖音短视频创建和运营的方法。

本书适合短视频运营创作的新手阅读和学习。此外，本书还适合广大短视频爱好者、新媒体行业从业人员阅读参考，也可以作为相关专业的教学参考书或上机实践指导用书使用。

图书在版编目（CIP）数据

9堂课玩转抖音+剪映短视频 / 耿慧勇，杨志，姜赫阳编著. -- 北京：清华大学出版社，2021.10
ISBN 978-7-302-59179-5

Ⅰ.①9… Ⅱ.①耿… ②杨… ③姜… Ⅲ.①网络营销②视频制作 Ⅳ.①F713.365.2②TN948.4

中国版本图书馆CIP数据核字(2021)第187096号

责任编辑：陈绿春
封面设计：潘国文
责任校对：胡伟民
责任印制：朱雨萌

出版发行：清华大学出版社
    网　　址：http://www.tup.com.cn，http://www.wqbook.com
    地　　址：北京清华大学学研大厦A座　　　　邮　编：100084
    社 总 机：010-62770175　　　　　　　　　邮　购：010-83470236
    投稿与读者服务：010-62776969，c-service@tup.tsinghua.edu.cn
    质量反馈：010-62772015，zhiliang@tup.tsinghua.edu.cn
印 装 者：天津鑫丰华印务有限公司
经　　销：全国新华书店
开　　本：145mm×210mm　　印　张：7　　字　　数：290 千字
版　　次：2021年12月第1版　　　　　　印　次：2021年12月第1次印刷
定　　价：59.00元

产品编号：091925-01

前 言

近几年，各种短视频平台如雨后春笋般地出现，不同类别的短视频内容不断刷新着大众的认知和感受，"刷"短视频俨然已成为男女老少生活中必不可少的娱乐活动之一。在众多视频平台中，抖音凭借着其新鲜、有趣的内容及众多平台创意玩法，收获了庞大的用户群体，并逐渐成为大众所熟知的短视频头部平台。如今，抖音短视频的内容覆盖了生活的方方面面，用户遍布全球各地，其商业价值得到了充分体现，已经成为营销群体的"必争之地"。

本书全面、系统地讲解了短视频制作和运营过程中涉及的各类拍摄、剪辑、内容策划、运营技巧等内容，旨在满足短视频初学者、视频编辑爱好者、新媒体相关从业人员等的实际需求。

本书特色

创作与运营相结合：本书并非纯粹地介绍抖音平台及剪映 App，而是站在初学者的角度，着重解决新手所面临的众多问题，如抖音怎么玩，短视频应该怎么拍，拍完之后怎么利用剪映加工，后期又该如何对内容进行运营及变现。针对上述问题，本书循序渐进地梳理了抖音的基本玩法，短视频的拍摄、剪辑，以及后期的引流变现等内容，旨在帮助零基础读者轻松解决创作难题。

实操技术深入指导：本书包含内容定位、账号包装、权重打造、热门技巧，帮助零基础用户快速入门；多重视角、拍摄景别、运镜技巧，指导读者使用手机高效拍摄优质素材；从基础剪辑到特效剪辑，包含素材加工、剪辑工具、音效、转场、素材、字幕、后期处理以及视频创作，仅用一部手机就能轻松"解锁"视频创作的全流程。

高清语音视频教学：一部手机就可以随时随地观看教学视频，详尽的知识点介绍，加上勤奋实践，读者可自学成才。

本书内容

本书分为"平台篇""制作篇"和"运营篇"3 篇，详细讲解了短视频的内容策划、拍摄、剪辑、发布、运营、变现等内容，将理论与案例相结合，分步讲解，致力于为短视频爱好者提供更多的帮助，同时也能够解决在短视频创作与运营时遇到的许多常见问题，最终目的是帮助大家做出更好的短视频作品。

内容具体安排如下。

篇　名	内容安排
平台篇 （第1课～第3课）	本篇内容为抖音平台基础知识，主要介绍了抖音平台的基本操作、短视频内容策划、拍摄技巧等内容，具体内容介绍如下。 第1课：抖音入门、基础功能介绍。 第2课：介绍短视频的选题策划、内容方向、脚本策划及包装技巧等。 第3课：介绍抖音短视频的拍摄、构图手法、景别运用、使用道具、运镜方式等。
制作篇 （第4课～第6课）	本篇内容介绍短视频的制作技巧，包括剪映软件的介绍、同款视频的制作和视频发布技巧等，具体内容介绍如下。 第4课：介绍剪映App的各项剪辑功能，同时讲解音频、文字、贴纸、画中画、特效、比例、背景等功能的使用方法。 第5课：介绍抖音、剪映的同款创作功能，包括拍同款、剪同款、视频模板等。 第6课：介绍短视频的发布、上热门、内容变现的方法等。
运营篇 （第7课～第9课）	本篇主要介绍抖音短视频的各种运营技巧，包括品牌营销、引流吸粉、抖音直播变现等，具体内容介绍如下。 第7课：介绍抖音企业号的概念、账号认证、企业号的内容定位等。 第8课：介绍抖音账号的权重提升技巧、引流技巧及"涨粉、留粉"技巧等。 第9课：介绍抖音直播的相关知识，包括开通直播间的方法、直播带货的技巧、直播间"吸粉"的技巧等。

配套资源下载

　　本书的相关教学视频和配套素材请扫描右侧的二维码进行下载。如果在配套资源的下载过程中碰到问题，请联系陈老师，联系邮箱 chenlch@tup.tsinghua.edu.cn。

视频教学　　　　配套素材

作者信息和技术支持

本书由哈尔滨理工大学的耿慧勇、哈尔滨学院的杨志和哈尔滨理工大学的姜赫阳编著，属于项目编号：2021B092，项目名称为新时期自媒体视野下科普动画短视频的应用价值研究。

在本书的编写过程中，作者以科学、严谨的态度，力求精益求精，但疏漏之处在所难免，如果有任何技术上的问题，请扫描右侧的二维码，联系相关的技术人员进行解决。

技术支持

作者

2021年10月

目 录

平台篇

第 1 课
抖音平台：快速掌握社交新玩法

第 2 课

内容制胜：优质内容的创作技巧

第 3 课

视频拍摄：解锁爆款视频新玩法

制作篇

第 4 课

剪映软件：让视频编辑更加轻松

第 5 课

热门同款：一键生成爆款视频

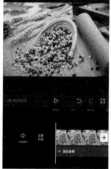

第 6 课

巧妙发布：平台规则不容小觑

运营篇

第 7 课

品牌营销：解决中小企业营销难题

第 8 课

引流吸粉：有效实现收益最大化

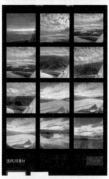

第 9 课

抖音直播：短视频的变现风口

抖音平台：快速掌握社交新玩法

「抖音」是于 2016 年 9 月上线的一款音乐创意短视频社交软件，它开创了短视频时代，将短视频带入人们的视线，记录着人们的生活点滴。抖音的用户群体非常广泛，从小孩到老人都在使用。内容方面亦是丰富多彩，从生活趣事、文体娱乐到技能学习、新闻发布，应有尽有，让大家在娱乐的同时能够学到众多知识，这也是抖音被越来越多的人接受和喜爱的原因。

01　流量当道：抖音短视频速览

抖音是一个"流量当道"的平台，视频的浏览量大，抖音的推送机制就会优先推荐这个视频。所以，在"推荐"界面可以浏览到的视频，大多是点赞、评论量很大的视频。

入门基础：初探抖音运营机制

抖音为每一段视频提供了一个流量池，无论是新账号还是老账号、也无论视频质量如何，作品效果完全取决于流量池的表现。当视频投放到流量池后，点赞量、评论量、转发量、完播率会成为作品优劣判定的标准，因此，用户要提高作品的这4个指数，抖音才会给予更多的流量，视频才会更加火爆。

抖音的运营机制与"今日头条"相同。对于新用户，抖音会优先推荐播放量及点赞量较高的优质视频，快速吸引并留住用户。在后续的使用中，抖音还会根据用户的地理定位、年龄及喜好，不断优化自己的算法，从而不断地提供贴近用户的审美和喜好的好作品。

界面功能：分布明确一目了然

注册并登录抖音后，可以看到其主界面分为四个大模块，如图 1-1 所示，下面逐一介绍。

1.首页

打开抖音后，首先出现的是"首页"的"推荐"界面，该界面会自动播放视频，并展示视频相关信息，如图 1-2 所示。点击用户头像可以进入该账户的主页，查看账户的所有视频及展示信息。点击用户头像下方的加号按钮 ➕，即可关注该用户，点击"点赞""评论"和"分享"按钮可以进行相应操作。

图 1-1

拓展讲解

在观看视频时，单击屏幕即可暂停播放，双击即可快速为视频点赞，如图 1-3 和图 1-4 所示。

账户头像

点赞

评论

转发

账户名称

文案

配乐名称

拍同款音乐

图 1-2

图 1-3

图 1-4

在"首页"界面中，点击"关注"按钮，可以查看已关注用户的视频动态，向上滑动屏幕，可以查看更多该用户发布的内容，点击屏幕上方的直播入口可以进入关注用户的直播间，如图 1-5 所示。

点击"天心"按钮（不同地区对应的名称不同），即可查看同城的热门视频内容。如果想查看其他城区的内容，可以点击"切换"按钮，输入城市名称，或点击右侧字母序列查找相应城市，如图 1-6 和图 1-7 所示。

图 1-5　　　　　　　　　　图 1-6　　　　　　　　　　图 1-7

　　点击左上角的"直播"按钮，即可进入直播间，向上滑动可以查看更多的直播内容，如图 1-8 所示。

　　2.朋友

　　在手机通讯录中关注的好友，可以在"朋友"界面中查看该好友的视频动态，如图 1-9 所示，点击"点赞""评论""转发"按钮可与其互动。

图 1-8　　　　　　　　　　　　　　图 1-9

3.消息

　　"消息"界面中包括"粉丝""互动消息"和聊天对话框等，如图 1-10 所示。点击"粉丝"选项，可以查看最近关注自己的用户及其信息，如图 1-11 所示；点击"互动消息"选项，可以查看所有"赞"、@ 和评论，如图 1-12 所示。

图 1-10

图 1-11

图 1-12

4.我

　　在"我"界面中，可对账号信息进行设置，并对作品进行管理，点击右上角的菜单按钮 ，可以设置和查看更多账户信息，如图 1-13 和图 1-14 所示。

图 1-13

图 1-14

在个人界面的下方显示了"作品""动态""喜欢"和"相册"4个选项。"作品"界面中显示用户拍摄的视频作品；"动态"界面可以预览视频内容；"喜欢"界面包含用户点赞的视频内容；在"相册"界面中，可以快速上传手机相册中的照片或视频，此列表仅用户自己可见，如图1-15~图1-18所示。

图1-15

图1-16

图1-17

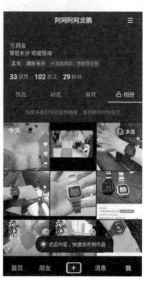

图1-18

02　用户画像：明确目标用户及特征

短视频平台依据不同的内容定位，对于用户定位也有所不同。抖音以时尚、年轻的快节奏为主导，其用户以年轻人居多。下面从4个方面详细分析抖音的用户定位，帮助运营者了解更多的营销策略。

年轻群体：28 岁以下占比 8 成

从年龄层面上分析，抖音平台上 80% 的用户在 28 岁以下，"90 后"和"00 后"为主力人群，整体呈现年轻化趋势，如图 1-19 所示。年轻的用户对时尚、新兴元素的接受程度更高，这个年龄层的用户已经逐渐步入社会，业余时间比较富余，对于职场或生活各方面的疑问较多，针对不同阶段的需求，可以对视频进行不同定位，这样才能够吸引多方用户。

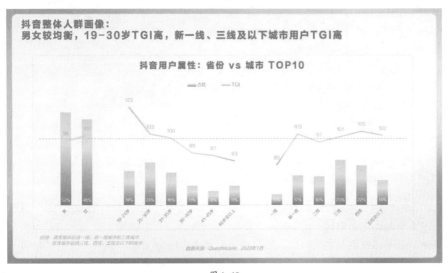

图 1-19

男女适中：男女用户总数均衡

在抖音用户中，55% 的用户为女性，45% 的用户为男性。女性的消费能力相比男性更高，大部分男性是理性消费者，女性更多的则是感性消费者。就像买一部手机，男性大多会比较系统、芯片、屏幕等硬件指标，而女性则比较关注手机的外观和大小。

一线城市：用户分布于一线城市

抖音的用户以一、二线城市时尚、年轻的用户为主，主要是为了弥补短视频市场一、二线时尚潮流人群的空白。有数据表明，抖音一线城市用户占比超过 17%，明显高于其他城市，如图 1-20 所示。

一、二线城市人口总数约 3 亿，占总人口比重约为 21%，三、四线及其他城市人口数占总人口比重约为 79%。抖音一、二线城市用户数量占比显著高于一、二线城市，一、二线城市的产品定位十分明显，三、四线城市抖音用户主要是潮流跟随。

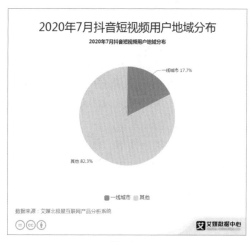

图 1-20

夜猫属性：夜间是活跃高峰期

20～28 岁年龄阶段的人群已经进入社会，一天中的大部分时间都在工作，只有到了下班时间才会拿起手机。据调查显示，晚上到家后的休息时间及睡觉前的时间，是用户观看短视频最多的时段，用户在线率分别达到 56.6% 和 54%。相比 2019 年 6 月的数据，2020 年 1 月开始，抖音平台的晚高峰时间提前到了晚上 8 点，如图 1-21 所示。

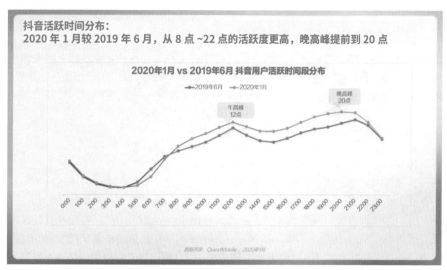

图 1-21

乐于消费：消费意愿高、能力强

从上面的数据可以看出，年轻用户在抖音的占比很高，并且多为女性用户，不仅接受新鲜元素的能力较强，也愿意为新鲜事物买单，这类用户的变现能力很强。加上目前抖音与直播相结合，营销方式的变化使更多用户产生消费意愿。

[03]　注册账号：解决新手用户的困惑

抖音账号的注册也是一门学问，用户在注册账号时就需要确定账号的定位，并根据定位策划相应的视频内容、确定营销手段等。用户在观看视频的时候，首先看到的是视频内容，然后是视频文案及账号名称，所以展示给用户的文字和头像一定要足够清晰明了，才能更容易地留住用户，并使他们成为自己的粉丝。

注册：抖音账号的类型

在注册抖音账号时，一共有 5 种选择，即"今日头条登录""微信登录""QQ登录""微博登录"和"手机号登录"，如图 1-22 所示。用户可以通过手机号进行验证登录，也可以使用"微信""QQ"等第三方平台账号登录。

抖音平台最容易变现的账号类型一共有 3 种：蓝 V 号、橱窗号和 IP 号。下面分别进行介绍。

1.蓝V号

蓝 V 号是企业认证的账号，如图 1-23 所示，从想要获得营收的角度看，认证与没认证的账号并没有多大差异。当然，如果是官方账号，基本都会认证，或许是为了传递正能量，也或许是为了做品牌宣传，其收益自然也不会少。至于认证后的优势，企业号与普通号的热门规则都是相同的，只是企业号方便做营销，可以留下自己的联系方式和官方网站。

图 1-22

图 1-23

2. 橱窗号

橱窗号专注抖音带货，也是抖音变现中常见的一种类型。橱窗号把抖音的橱窗功能发挥得淋漓尽致，常见的就是那些好物推荐、好物分享等账号，如图 1-24 和图 1-25 所示，这类账号只要"爆"了一个视频就能产生不菲的收入。目前抖音开通橱窗功能的条件是：粉丝 ≥ 1000，发布作品 ≥ 10，完成实名认证。

3. IP号

个人 IP 并不等于网红，IP 是一个品牌，个人品牌是个人商业价值的综合体现，是一种无形资产。成功的个人品牌有几个特征：能发表自己独到的见解并被人认可；能与他人认为重要的事物联系起来。IP 型账号包括音乐人认证号等，通常是某个领域的"大 V"，如图 1-26 所示。

图 1-24   图 1-25   图 1-26

认证：包装更完美的账号

注册账号后，下一步就是认证账号了。抖音用户可以在"我"丨"设置"界面中，点击"账号与安全"选项进入相应界面，接着，点击"申请官方认证"选项，如图 1-27~ 图 1-29 所示。在"抖音官方认证"界面中可以看到，个人认证必须要满足 3 个条件：发布视频不少于 1 个、粉丝量不少于一万、绑定手机号。满足条件后方可点击"立即申请"按钮进行认证。

企业认证则适合企业、个体工商户进行申请；机构认证适合媒体、国家机构和其他知名机构申请。申请后需要等待抖音官方的审核，只要资料属实，审核会很快通过，通过后在个人资料中会显示官方认证的文字，个人认证为黄色的 V，企业认证为蓝色的 V，如图 1-30 和图 1-31 所示。

图 1-27

图 1-28

图 1-29

图 1-30

图 1-31

没有认证过的账号和已经认证过的账号权重是不同的，即使发布同样的视频内容，效果也会有一定的差别。所以当用户注册账号之后，建议让账号绑定一个已经认证过的微博，然后抖音号也会得到相应认证，同时还要对所有的真实信息进行完善，将账号完美包装，发布视频时得到的流量和推荐也会更多。

名字：让账号自带流量

好名字相当于一个人的品牌标识，是与其他人区分开的重要因素。一个好名字需要拥有用户容易记忆、容易理解等特点，这样才有利于品牌传播，同时抖音后续的导流、视频电商、直播、广告变现等都更容易。很多人在注册账号时，往往会取一个自己喜欢的名字，但往往这样的名字不仅没有辨识度，也没有任何流量，所以在取名时需要考虑诸多因素。

为抖音账号取名时，可以参考 3 个标准：好记忆，如"苹果""小米"等；好理解，如"老张聊象棋""陶金形体礼仪"等；好传播，如"一禅小和尚""会说话的刘二豆"

等。抖音账号的命名大致可以归纳为以下几类。

1.学习成长型

虽然一直以来抖音以娱乐内容为主，但现在越来越多的知识类、教学类视频出现在平台上，很多观看短视频的人群不仅是为了娱乐，更多的是用来学习新知识。

作为学习类账号，可以取一些与技能相关的名字，如"电商干货""亿个冷知识"等，这类名称一目了然，很容易吸引渴望学习和提升自己的人群关注，如图1-32和图1-33所示。

图 1-32

图 1-33

2.特定人群型

抖音账号除了打造个人品牌，更多的是为后期带货、打广告、开直播做准备，所以吸引特定的人群很重要，如"懂装修""生活美学家"等，如图1-34所示，这些账号主要聚焦在特定的领域和专业内容范畴。

3.职业昵称型

职业昵称，顾名思义也就是以"职业 + 昵称"的形式命名，把职业昵称人格化，让用户觉得是个人账号，而不是某个官方的企业号，如"家居设计小思妹""小馒头手绘"等，如图1-35和图1-36所示，这类名称会让用户感到亲切，在无形中就拉近了创作者与用户之间的距离。

图 1-34

图 1-35

图 1-36

4.意见领袖型

意见领袖型，也就是在某个领域说话比较有权威性的账号，如"一帆财经""海帆职场"等，如图 1-37 和图 1-38 所示。意见领袖型账号的命名通常要表现出账号在某个领域的专业度，结合专业内容输出，就能让账号价值最大化。

图 1-37　　　　　　　　　　　　图 1-38

5.精选视频型

精选类视频通常是将一些有趣的视频剪辑结合在一起，笑点频频、精彩不断，这类视频很受欢迎，是很多人解压的一种方式，如"萌宠档案馆""YouTube 精选"等，如图 1-39 和图 1-40 所示。

图 1-39　　　　　　　　　　　　图 1-40

6.号召行动型

号召行动型账号是一种激励人努力上进的账号，如"付妈喊你背单词""老沙瘦二十九斤了"等，如图 1-41 和图 1-42 所示，这类账号往往能吸引到有对应需求的用户，如果内容很棒，并且能让他们采取实际行动并获得相应成绩，那么用户对账号的信任和依赖程度就会更高。

抖音修改名字很方便，在"我"界面中点击"编辑资料"按钮，即可进入"编辑资料"界面，点击"名字"一栏即可自行修改名称，如图 1-43 和图 1-44 所示。

图 1-41

图 1-42

图 1-43

图 1-44

[04]　头像：第一印象很重要

　　抖音账号的头像具有鲜明的特点，如果是个人号，最好以人为焦点，用自己的正面自拍照或正面全身照作为头像；如果是企业号，头像最好以品牌形象为焦点，可以利用企业的商标图案或者品牌名称作为头像。

　　用户设置的头像必须让人产生好感，且能让人记住，特别是对于潜在的用户来说，如果他人在看到头像的第一眼产生反感，就很可能会拒绝关注。此外，设置的头像要符合自身的定位风格，无论是用自己的真实照片作为头像，还是使用其他照片，风格都很重要。

在选择头像时，需要避免出现以下几种情况。

» 以背景作为头像，这类头像毫无亮点，无法让用户明白想要传达的含义。

» 以卡通动物的图片作为头像，会显得业余和不专业，除非是相关的行业，如与绘画、动漫等相关的账号类型，或者与宠物相关的内容。

» 以产品或者二维码作为头像，很容易让用户产生反感，这类账号往往带有很强的目的性，给人的第一印象不好。

图 1-45

拓展讲解

想要更换头像时，可以在"我"界面中点击"编辑资料"按钮，进入"编辑资料"界面后，点击头像即可更换头像，如图 1-45 所示。

简介：自我展示很重要

抖音账号的简介通常要简洁明了，主要原则是"描述账号＋引导关注"。在填写简介时，要根据人物定位，突出个人的两三个特点，在简介中可以加上视频更新时间或者直播时间，引导粉丝准时观看，如图 1-46 所示。

如果是带货类账号，不建议使用网上找的个性短句，这类短句虽然看上去很酷，但与账号整体关联性不强。需要注意的是，简介内不要直接放联系方式，以及其他平台的账号或信息，因为抖音一旦识别到，很可能会降低账号权重。

图 1-46

头图：暗藏吸粉小心机

在"我"界面中的背景图一般被称为"头图"，设置头图能够巧妙地引导用户关注。选择一张照片作为头图时，一定要选用足够吸引人的图片，同时还要符合视频内容，与标题相呼应，这样才能让用户产生深刻的印象。

在"我"界面中，点击上方背景区域，再点击"更换"按钮，可以选择"拍一张""从相册中选择"或"从图库选择"，选择图片之后还可以进行裁剪，如图 1-47~ 图 1-50 所示。

图 1-47

图 1-48

图 1-49

图 1-50

抖音平台中常见的头图有以下几种。

1. IP形象型

这类风格都是以自身为重心的，致力于打造抖音个人形象，所以视频往往都需要真人或本人出镜，如图 1-51 所示。

2. 引导关注型

这类账号的背景都有一个特点，那就是具备明确的方向，可以起到引导用户关注的作用，通常会利用调皮的图案或有趣的话术给用户心理暗示，加强用户的记忆点，如图 1-52 所示。

3. 补充简介型

头图是用户点进主页后最抢眼的内容，因此可以利用它进行二次介绍，强化用户对账号的认知和印象，如图 1-53 所示。此外，还可以把自己直播或者视频更新的时间写在上面，切记不要留下联系方式，避免被平台识别导致账号权重下降，不要为了突出的特点，而忽略了账号的整体性。

图 1-51　　　　　　　　　图 1-52　　　　　　　　　图 1-53

[05]　账号定位：抖音账号的创建技巧

定位是一个比较宽泛的概念，在商业上，"定位之父"杰克·特劳特说过："所谓定位，就是令你的企业和产品与众不同，形成核心竞争力；对受众而言，即鲜明地建立品牌。"抖音上有数亿的用户，每天产出的视频内容数以百万计，如何能让你发布的视频内容被更多人看到，被更多人喜欢，被更多人关注，做好定位是最基础的一步。

账号定位直接决定了"涨粉"速度、变现方式、赚钱多少、赚钱难易程度、引流的效果，同时也决定着视频的内容和账号布局。抖音账号的定位可以分为以下几步进行。

垂直定位：一个账号专注一个领域

抖音账号要有明确且清晰的定位，一个账号只专注一个细分领域，要把用户群体进行拆分，垂直而专注，而不要针对一个泛泛的群体去做内容。不垂直等于不专注，越想去迎合所有的用户，做各种各样的内容，杂而不精，反而会引起用户的反感。

以抖音账号"毒舌电影"为例，如图 1-54 所示，该账号专门解说一些经典且高评分的电影，一部电影分为 3 个解说视频，解说简短而有力，完整而清晰地表达了整个故事的脉络和观点，视频配乐与节奏同步，短短几十秒就能吸引住用户，并让人产生想要继续观看的欲望。该账号的视频封面也是一大亮点，3 个视频为一行，视频封面拼贴成为电影封面，如图 1-55 所示，可以看出该账号在内容定位方面下了很多功夫。该账号目前在抖音平台拥有 4 千多万的粉丝，收获了 8 亿以上的点赞量。

图 1-54

图 1-55

简单来说，一个抖音号往往只定位于一个领域的内容，且只定位于一类人群，其他内容就不要在这个账号上发布了。在抖音上，账号要分开运营，如果一个账号今天分享视频营销，明天分享社群营销，那么关注社群营销的人可能会取消关注，因为你所分享的视频他不感兴趣，同时会觉得你不够专业，因此账号的"掉粉率"会特别高。账号定位越精准、越垂直，粉丝越精准，变现越轻松，获得的抖音官方推荐和流量就会越多。

图 1-56 所示为 2020 年 1 月 Quest Mobile 发布的抖音相关数据，大家可以根据数据，针对不同性别对不同内容及感兴趣程度进行分析，从而决定自己的账号定位。

竞品分析：要吸取优质账号的优点

竞品主要是指竞争产品，竞品分析就是对竞争对手的产品进行比较和分析。在确定账号的垂直定位之后，需要对竞品进行分析。在分析竞品时，需要从多个方面进行拆解和分析，例如选题方向、脚本结构、拍摄手法、视频剪辑包装、视频标题和留言区互动等，这几个板块缺一不可。对竞品的分析，一方面是学习，另一方面是从中找到差异点，从而完成超越。

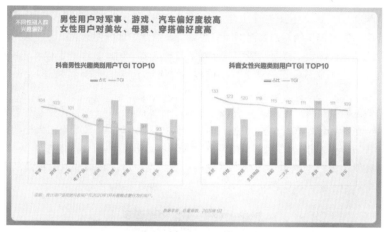

图 1-56

差异能够让你的账号从众多的账号中脱离出来，让用户记住你、关注你。差异可以从内容领域、IP 或人设的特点、内容结构、表达方式、表现场景、拍摄方式、视觉效果等众多方面进行体现和区别。

竞品分析可以从主观和客观两个方面同时进行，主观分析包括竞品内容的可用性、易用性等体验，以及用户的喜恶程度等，列出竞品的优缺点，与自己的情况做一个对比，避开对手的强势，并充分发挥自身的优势；客观分析包括竞品的用户习惯，如视觉和内容布局、竞品的核心价值、产品的详细功能点、竞品的运营能力、它的各项数据，以及竞品的发展潜力、分析市场布局状况等。

图 1-57

在搜寻竞品账号时，可以在抖音主页点击右上角的搜索按钮 🔍，输入定位内容，如"电影"，即可查看与电影内容相关的账号，点击账号即可进入首页观看视频，如图 1-57 所示。

竞品分析可以帮助用户更好地找到内容的切入点，但这并非模仿别人的视频。想要做好抖音账号，一定要多观察同领域的热门账号，及时了解对手的数据和内容，这件事需要持之以恒地去做，这样才能有效提升自身账号的竞争优势，更行之有效地做好账号定位及运营优化。

深度内容：专业内容更有爆款潜力

"深度"是指，定位好一个方向后，就保持在这个方向深入发展，以找到更深层、更有价值的内容提供给用户，而不能只想到一些肤浅、低级趣味、缺乏创意的东西。什么样的定位，决定了账号会吸引什么样的目标人群。因此，在一定程度上可以说：定位直接决定了账号要更新什么样的内容，也决定了抖音号的运营方向及最终的变现形式。

举例说明，抖音账号 itsRae 是专注于拍摄环球旅行 Vlog 的抖音号，主要分享主人公 Rae 在世界各地旅行时遇到的有趣的小事和美丽的风景，深受旅行人群的喜爱，作品的各项数据都非常优秀，如图 1-58 和图 1-59 所示。

另外，该账户的橱窗中还合作了一些广告，用户可以在抖音上选择商品直接跳转至淘宝或京东进行购买，从而实现视频变现，如图 1-60 所示。

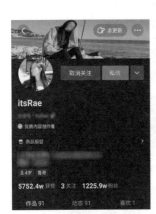

图 1-58

图 1-59

图 1-60

用户喜好：投其所好才能吸引关注

抖音的账号定位是方向，深度内容是细节，用户的喜好是关键。能够让用户一起参与、互动或者吐槽，从而产生分享的兴趣，这类内容就比较容易火爆。对于用户来说，有价值的内容才会有观看的兴趣，有价值的账号才会有关注的想法。价值可以分为很多种，如视觉享受价值、娱乐享受价值、知识获取价值等，具备好看、好玩、有趣和实用等特点的内容，都是用户比较喜欢的。

如果分享的是一些小技巧或小技能，那么一定要简单、实用，不能太复杂，因为越简单的传播就越广。做抖音账号，除了要知道推荐规则，还要对受众进行分析。

抖音平台上大多数是年轻人，对于刚进入社会的人来说，分享一些职场的小技巧，或者 Word 办公软件的隐藏功能等，就比较利于收藏和传播。

举例说明，一些初入职场的人可能对社保、公积金、合同等方面的知识不太了解，在工作过程中很容易碰壁，抖音账号"职场小白"就针对刚刚踏入职场的新人们发布了一系列视频，目的是帮助大家维护自己的权益，如图 1-61 和图 1-62 所示，该账号的每个视频点赞数都很高，粉丝数也不少，这就是一个成功的账号。

图 1-61

图 1-62

持续分享：定期更新维系粉丝黏度

持续是最后也是最为重要的一个原则，那些几十万、上百万粉丝的抖音号，除了定位精准、聚焦行业和内容实用，最重要的就是更新频繁。在原创和专业的基础上，内容越多，账号价值才会越高。如果某个账号在发布几条视频后觉得没效果，开始懈怠，那么视频发布频率就会越来越低，这种做法就会导致账号失去长期价值。

前面做得再好，如果不坚持持续和稳定地更新，那么根据平台的规则和算法机制，账号的权重就会下降，获得的平台推荐量会变低，而且已经关注的用户也会流失。

内容制胜：
优质内容的
创作技巧

现在，短视频行业的竞争越来越激烈，创作者如果想让自己的视频拥有持续的流量，必须把视频内容做到优质。平台的用户在观看视频时，不仅是为了娱乐休闲，更多的是为了扩大自己的知识面，拓展自己的视野，所以优质的内容很容易吸引到用户，并且能够进一步将用户转化为粉丝，促进变现。

[01]　选题策划：掌握 4 个基本原则

　　想要运营好抖音账号，建立个性化的抖音品牌非常重要，其中选题是关键。选题不能脱离用户，要在保证短视频主题鲜明的前提下，为用户提供有用、有趣的信息，这样才能吸引更多的用户关注。

找需求：找到用户的精准需求

　　抖音短视频作为流量高地，其竞争越来越大，用户对视频内容的要求也越来越高，所以在创作短视频时，一定要注重用户的体验，以用户为中心，短视频的内容切不可脱离用户的需求。想要在众多视频中脱颖而出，不仅要找到用户的精准需求，还要重视用户观看视频的体验感，提升互动性，为用户提供有价值的内容。

　　在策划短视频选题时，内容必须符合账号定位，选题内容越具备垂直性，就越容易引起目标用户的关注，并且可以提升账号在这一领域的专业度，从而不断提高粉丝的黏性。

蹭热点：借助热点话题吸引用户眼球

　　热门话题永远是大众最为关注的，借助热门话题的热度是短视频常用且非常有效的方法。不过热点只是用户创作内容的一个切入点，不相关的热点不要随便乱用，低俗、敏感、有不良社会影响的热点一定不能使用。

　　抖音是流量制胜的平台，会被推荐的视频也是流量大的视频。要想获得流量，就需要适当地去"蹭"一下热度，在标题上加上有流量的话题，视频的曝光量也会随之增高，流量也会涨起来。在创作短视频时，短视频创作者应当对新闻事件保持高敏感度，善于捕捉并及时跟进热点，即可使短视频在短时间内获得足够多的流量。

正能量：输出积极向上的正能量内容

　　互联网平台的整体风向是倡导积极向上、正能量的内容，抖音同样如此。在进行抖音选题策划时，一定要注意内容的导向，远离违反法律法规、低俗和暴力的内容，要创作传递正能量、积极向上的内容。另外，抖音平台对很多敏感词都有限制，如果滥用敏感词，就很有可能被平台屏蔽，严重者还可能被封号。

　　要想让短视频在各大平台都得到有效的推广，就必须传递健康向上的价值观，真正弘扬正确价值观的短视频才能在平台上得到更好的推广位置。对于用户也是一样，充满正能量的短视频才能得到用户的认可，一味地为了获得短暂的人气而"博出位"的行为，只会削减短视频账号的生命力。

　　要想让短视频账号持续健康地发展，还要把握好选题的节奏，因为社会是在不断发展的，用户的需求也会随之不断变化。因此，短视频的选题也要适应这种变化，紧跟潮流，根据用户的反馈不断进行调整，还要把握好选题的节奏，使用户能够更容易地接受。

在抖音上有几种正能量内容很受欢迎，下面通过案例来具体分析。

1.好人好事

例如，帮扶弱势群体、在恶劣环境中坚守岗位的部队官兵和社会工作人员、在山区教学的人民教师等，在抖音上有很多这样的账号，如图 2-1 所示，这些账号发布的内容也获得了很多点赞及关注。

还有一些揭露诈骗行为的视频内容也很火爆，如图 2-2 所示，这类视频利于传播，用户观看完之后可以随手转发，让身边的人也提高警惕，防止被骗。

2.文化内容

抖音上的一些书法、乐器、舞蹈、武术等内容也很受欢迎，如图 2-3 和图 2-4 所示，这类视频需要创作者有一技之长，在日常练习时，打开手机即可拍摄一段视频并发布。

图 2-1

图 2-2

图 2-3

3.正能量主题

抖音经常会发布一些话题挑战，号召用户通过短视频展现正能量。例如抖音话题"正能量"，该话题拥有 4000 多亿播放量，如图 2-5 所示，用户在创作视频时，不妨在文案中加上该话题，视频的流量将会相应增长。

图 2-4　　　　　　　　　　　　　图 2-5

多互动：强化内容的互动性及参与性

　　抖音带有一定的社交性质，因此，在做抖音内容策划时，要注意和粉丝之间的互动。可以选择一些比较新颖、能产生较好互动效果的话题，这往往更容易获得用户的认可和推荐，例如简单的美食教程，教大家如何把豆腐做得既好看又好吃，或者把废纸壳制成工艺品等，如图 2-6 和图 2-7 所示。

图 2-6　　　　　　　　　　　　　图 2-7

除了在视频内容中设计互动话题，还可以设计一些能够引发大家讨论的点，抛出问题，让用户在评论区中留言。在策划短视频选题时，要尽可能选择一些互动性强的选题，尤其是热门话题，其受众关注度高、参与性强，这种互动性强的短视频也会被平台大力推荐，从而增加短视频的播放量。

[02] 内容方向：怎样持续产出优质选题

为了保证短视频账号的正常运营，就需要有持续不断的短视频作品输出，如何更好、更快地创作短视频内容，是短视频创作者需要重点考虑的问题。平时大家可以储备一定的素材，建立爆款选题库，学习新的技能，为打造优质的短视频内容提供参考依据，也能为短视频账号的正常运营提供坚实的基础。

短视频创作者可以从各大资讯网站、社交平台、热门榜单中搜索热点，或者关注热门话题的热门评论，也可以挖掘出很多选题和故事。

搜微博：在微博平台上寻找热门话题

微博是人们在网络中使用较多的社交平台之一，其口号是"随时随地发现新鲜事"，用户可以在微博中找到时下热门的新闻事件和话题，其中，"微博热搜榜"中就归纳和整理了实时热点。

打开微博 App 之后，进入"发现"页面，即可查看当前热搜榜，如图 2-8 所示，参与话题可以获取更多的曝光量。

逛知乎：在知乎平台上寻找专业解答

知乎是一个网络问答社区，当用户无法确定短视频内容定位时，不妨在知乎中搜索一下相关话题，上面有许多专业人士的回答，内容翔实，对话题定位有所帮助，如图 2-9 所示，例如，在搜索框中输入话题"短视频内容定位"，即可看到各种相关话题，点击话题，即可查看相应的回答和建议。

刷抖音：在抖音平台上关注实时热榜

抖音平台也有热榜，当前最热门的话题和短视频都会实时展现在榜单中，用户在构思内容时可以根据榜单上的热门话题进行创作。打开抖音 App 之后，点击"搜索"按钮，即可查看当前热榜，如图 2-10 所示。

图 2-8

图 2-9

图 2-10

看百度：利用搜索引擎查找各类资源

百度热榜是以数亿网民的搜索行为为数据基础，将关键词进行归纳分类而形成的榜单，在这里同样可以寻找热点。在百度热榜中，可以看到目前热度最高的话题，大家可以根据其中特点，寻找适合自己的短视频创作方向。

听音频：在音频平台上收听各类稿件

目前音频类 App 也是很受欢迎的一种娱乐软件，如今各种短视频和长视频当道，音频类 App 的好处在于其可以减少眼睛的使用度，很多用户在睡前习惯听着自己喜欢的音频入睡。目前，网络上知名度较高的有声平台有喜马拉雅、荔枝、猫耳 FM 等，其中还包括音乐 App 的电台分类，可以在这些软件中搜索并购买自己喜欢的书籍或文章。例如，打开荔枝 App，在"热门"一栏，可以查看当前最受欢迎的文章，或者搜索"抖音运营"这类关键词查找文章，如图 2-11 和图 2-12 所示。

图 2-11　　　　　　　　　图 2-12

03　脚本策划：掌握爆款内容的创作公式

　　脚本是整个故事的发展大纲，用脚本来确定整个作品的发展方向和拍摄细节，提前"脑补"出视频的每个画面，用文字或者绘画表现每个画面的内容，以及构图和表现的手法。

　　在进行脚本策划时，需要注意两点。第一，在脚本构思阶段，就要思考什么样的情节能够满足观众的需求，掌握观众的喜好是十分重要的一点，好的故事情节应当能直击观众内心，引发强烈共鸣；第二，要注意角色的定位，在台词的设计上要符合角色性格，并且要有爆发力和内涵。

先写重点：拟写提纲列举拍摄要点

　　脚本设计是安排视频拍摄的具体内容，使拍摄到完成的所有步骤成为一个大纲，让拍摄工作变得简单而高效。例如导演拍摄电影的剧本，人员、服装、场景定位、拍摄技巧、剪辑等，一切步骤和人员安排都是根据剧本的设定进行的，脚本设计也是如此。什么地点、什么时间、出现什么画面、如何运用镜头等，都是根据脚本的设计进行的。

　　当确定基本主题后，就要开始搭建脚本框架了，例如表现一个学生的一天，就可以按照时间顺序展开，早上早自习，上午上哪些课程，下午上哪些课程，傍晚放学回家等，把提纲列好之后，就可以加入故事细节了。

再写细节：分镜脚本凸显创作细节

　　细节可以增强演员的表现感，使人物更加丰满，同时又能很好地调动观众的情绪。在确定了需要执行的细节后，再考虑使用哪种镜头来呈现该画面，然后编写一个非常具体的快照脚本。细节是调动观众情绪的重要枝干，这种细节也就是短视频的分镜头，分镜头脚本是将文字转化成可以用镜头直接表现的画面，通常分镜头脚本包括画面内容、景别、摄影技巧、时间、机位、音效等。

　　分镜头脚本是目前拍摄短视频时使用较多的一种脚本形式，这种脚本的特点是细致。分镜头脚本会将短视频中的每个画面都体现出来，对镜头的要求也会描述清楚，创作起来耗时耗力，也是最复杂的一种脚本。在一份完整的分镜头脚本中，需要描述非常多的细节，包括镜头焦段、拍摄景别、拍摄手法、拍摄时长、演员动作、环境和光线、音乐等。创建分镜头脚本时，需要创作者在脑海中构建出一幅完整的画面，还要不断地在拍摄现场实践（排练），并与演员磨合。

最后开拍：文学脚本理清拍摄思路

　　完成脚本后，就可以开始拍摄了。在拍摄时，分镜头脚本可以起到很大的作用，因为拍摄现场人员太多太杂，可能会造成拍摄混乱，这时分镜头脚本就可以帮助导演理清拍摄思路，改善拍摄效果。

　　在拍摄时，需要掌握几种常用的镜头语言，下面具体介绍。

1.定场镜头

　　定场镜头是指影片的开始或一场戏的开头，是用来明确、交代地点的镜头，通常会以一种视野宽阔的远景形式呈现。定场镜头通常用于一部电影的开篇，同时也被用作电影中新场景的转场镜头，例如使用远景镜头拍摄一个城市或建筑物的大全景，目的在于给观众一个位置感，让观众对环境有所了解，如图 2-13 所示。

扫描看视频

图 2-13

2.空镜头

空镜头又称"景物镜头"，指影片中作为自然景物或场面描写而不出现人物（主要指与剧情有关的人物）的镜头。空镜头常用于介绍环境背景、交代时间空间、抒发人物情绪、推进故事情节、表达作者态度，如图 2-14 所示，其具有说明、暗示、象征、隐喻等功能。在短视频中，空镜头能够产生借物喻情、见景生情、情景交融、渲染意境、烘托气氛、引起联想等艺术效果，在时空转换和调节影片节奏方面也有独特作用。

图 2-14

空镜头有写景与写物之分，前者通常称为"风景镜头"，往往用全景或远景表现，以景为主、物为陪衬，如群山、山村、田野、天空等；后者又称"细节描写"，一般采用近景或特写，以物为主、景为陪衬，如飞驰而过的火车、行驶的汽车等。空镜头的运用，已不只是单纯描写景物，如今已成为影片创作者将抒情手法与叙事手法相结合，加强影片艺术表现力的重要手段。

空镜也有定场的作用，例如一个发生在山林中的故事，开篇是山林中雾气围绕着小村庄，显示出神秘的意境，如图 2-15 所示。

图 2-15

3.分镜头

分镜头可以理解为短视频中的一小段镜头，影片就是由若干个分镜头剪辑而成的，它的作用是用不同的机位为观众呈现不同角度的画面，带来不一样的视觉感受，并可以帮助观众快速理解视频想要表达的主题。

扫描看视频

使用分镜头时需要与脚本相结合，例如拍摄一段旅游视频，可以通过"地点＋人物＋事件"的分镜头方式展现整个内容，如图2-16~图2-18所示，第一个镜头介绍地理位置，可以拍摄一段环境或景点视频；第二个镜头拍摄一段人物介绍视频，可以通过镜头向大家打招呼，告诉大家你是谁；最后一个镜头可以拍摄人物的活动，例如正在吃饭，或者呈现正在海边畅玩的画面。

图 2-16　　　　　　　图 2-17　　　　　　　图 2-18

04　包装技巧：根据风格主体制定包装方案

随着行业发展，企业之间的竞争力度也日趋激烈，要想脱颖而出，企业短视频必须加大开发和宣传的力度，包装上必然要有商品意识，求精出新，这就到了考验视频制作者包装功力的时候了。

短视频的包装可以分为片头、内容及片尾三部分，每部分的重点都不同，下面分别进行介绍。

片头部分，好的片头是好内容的开端，而好片头的基本要求是与节目包装的风格相协调，与节目分类、定位的风格相呼应，例如时尚类短视频的片头要给人一种时尚感、前卫感，旅拍类的片头则可以选择一段风景视频作为开头，如图 2-19 所示。

短视频相较于长视频来说，不只是时间短，更重要的是为观众带来更多干货和有趣的内容，因此，片头可以选择用快节奏的画面进行切换，而且有些用户群体对快节奏的内容更加喜爱。在时间把控方面，一般不超过 5 秒，因为短视频本身时长就短，如果片头太长，不仅会给人头重脚轻的感觉，而且还很容易让观众走神。

包装完片头之后就该对短视频内容进行包装了，包装的目的是让整个短视频更加美观、具有吸引力。要想在内容包装上形成自己独特的风格，就要注重色彩的搭配。例如，某旅拍账号的短视频风格清新、淡雅，画面沿用了大面积的灰白色，如图 2-20 所示，这种做法不仅形成了自己独特的风格，还提高了视频的辨识度，加深了观众对其的印象。

图 2-19

图 2-20

　　片尾最基本的要求是短，要重点表现的部分可以采用强调色系，用来快速抓住观众的眼球并加深印象。一般的短视频可以在片尾加上参演人员与制作人员的名单，像电影和电视剧的演职员表一样，如图 2-21 所示，如果有合作的商家或平台，在片尾还可以将其商标展示出来。

图 2-21

切入点：视频主题要开门见山

视频的包装风格与文化息息相关，例如大家常看的电视节目，如果细心，就会发现不同电视台有着不同的包装风格，这和各电视台或地方文化有一定的相关性。例如中央电视台是大气魄、大制作的包装策略，体现泱泱大国风范，有着强烈的时代感，追求与国际同步，在不失中华文化的同时，又充分诠释了国际化，如图 2-22 所示。

图 2-22

在创作视频脚本之初，一定要找到一个好的切入点，这个切入点一定要选择能把该企业或产品的主要特色体现出来的点，这样才能够在短视频中快速让观众感受到整个视频的主题。

根据切入点展开视频内容，开门见山，开篇就能够把主题展现出来，然后延伸主题的内容，在最后部分升华主题，在第一时间让观众明白视频的主题。

画面：好看就是有效的包装

画面的美观程度直接决定着是否能留住观众，如果视频画面颜色协调，画质清晰，能让人直接感受到画面的美，在视觉上就赢得了第一步，此时若再加上包装就有些突兀和画蛇添足了。

扫描看视频

在包装视频时，应注重画面的编排与颜色，画面排序要有一定的思路，镜头之间不要跳跃太大，在色彩上要根据视频而定，要有一定的应变，两个视频的颜色要和谐，不能太有冲击力，否则会让观众感到疲倦，如图 2-23 和图 2-24 所示。

图 2-23   图 2-24

对于短视频来说，色彩搭配是能够提高短视频画面美感的关键。具体的视频配色还需要根据内容来确定，例如简约的视频内容可以选择白底黑字的纯色，让观众感觉到视频的大气和纯净，如图 2-25 所示。

图 2-25

娱乐元素较多的内容可以大面积使用橙色、红色、黄色这种温暖、热烈的颜色，让观众感受到积极向上、轻松欢快的情绪，如图 2-26 所示。

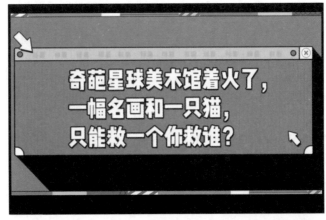

图 2-26

如果是普法类节目，则可以选择深蓝色作为背景色，让观众感到深沉，有内涵，例如中央电视台的"社会与法"频道，如图 2-27 所示。

图 2-27

创意：形式新颖才能出奇制胜

在短视频中，题材、拍摄角度、拍摄手法等因素都是体现创意的重要手段，创意和创新在短视频中是需要去发掘的，可以根据产品和企业的不同，去选择适合的创意进行视频包装，例如现在比较流行的"赛博朋克"，很多人拍摄城市建筑时就会运用"赛博朋克"的手法，让视频看起来更加魔幻和前卫，如图 2-28 所示，新奇的手法能够带给观众耳目一新的感觉，并因此吸引更多的观众。

扫描看视频

图 2-28

美感：声、光、字、画一个都不能少

充满美感才能够吸引人的目光，美感不仅指画面方面，还有解说、配乐、节奏、灯光甚至字幕，这些元素的均衡令整段视频浑然一体，密不可分，好像不经意的一笔，却又相得益彰。

　　举例说明，Nike 拍摄的 2020 年新春短片，视频按照时间顺序，从小女孩拍摄到大人，视频画面也从 20 世纪 80 年代的复古风变为现代风，如图 2-29 和图 2-30 所示，贯穿整段视频的背景音乐不仅点明了主题，还能够让视频氛围变得轻松，让观众感受到活泼、有趣。

图 2-29

图 2-30

第3课

视频拍摄：视频锁爆款视频解锁新玩法

许多新手拍摄不出专业的视频效果，其实是方法不对。作为一个抖音短视频玩家，除了掌握拍摄设备的使用方法，还可以借助拍摄技巧来达到事半功倍的目的。本章将为大家详细介绍一些有关视频拍摄的技巧及相关操作方法，为之后学习短视频的拍摄与制作奠定良好基础。

[01] 新手拍摄：掌握技巧拍出大片

大家在"刷"视频的时候会发现，很多视频都在使用有趣的特效，例如慢动作回头、梦幻烟雾等。别人拍得高大上，其实自己也可以。本节将介绍一些抖音短视频的拍摄技巧，让不懂拍摄的新手也能轻松拍出网红大片。

倒计时：远程控制更方便

打开抖音软件后，在首页点击拍摄按钮，打开抖音的拍摄界面，在拍摄界面中点击"倒计时"按钮，即可开启倒计时拍摄功能。"倒计时"分为两种，分别是 3 秒倒计时和 10 秒倒计时，如图 3-1 所示。倒计时功能使拍摄变得更加便捷，当需要录制手指舞或一些动作的时候，就可以使用倒计时功能来解放双手。

图 3-1

倒计时功能可以用于分段拍摄，在拍摄前，拖动红线将暂停的位置移至 3 秒处（自己需要的任意时间点），点击"开始拍摄"按钮，软件录制 3 秒后将自动停止录制，再次设置倒计时录制，即可进行下一段录制，如图 3-2 和图 3-3 所示。

图 3-2

图 3-3

调速：调整合适的播放速度

在抖音的拍摄界面中，可以设置"极慢""慢""标准""快""极快"5 种拍摄速度，点击屏幕右侧的"快慢速"按钮 ，画面中将出现一个选择框，选择任意一种速度即可开始拍摄，如图 3-4 所示。

不同的拍摄速度适用于不同的拍摄情况，"极慢"和"慢"都是慢动作拍摄，高速运动的物体可以使用"极慢"速度拍摄。"慢"速度可用来拍摄挑眉、眨眼等面部动作，给人一种留住时间的感觉，同时又能增强画面美感和艺术感，如图 3-5 和图 3-6 所示。

图 3-4

图 3-5

图 3-6

"标准"速度即正常倍速拍摄，普通用户使用标准速度拍摄比较多，常见的宠物视频或搞笑视频一般都是使用标准速度拍摄的，如图 3-7 所示。

图 3-7

"快"和"极快"速度可以理解为手机中的延时摄影，是一种加快倍速的拍摄方式。在拍摄城市街道、日出日落场景的时候，就可以使用加速的拍摄方式，把一分钟的视频浓缩到十几秒，如图3-8和图3-9所示。

图 3-8　　　　　　　　　　　　　　　图 3-9

分段：分段拍摄增加趣味性

分段拍摄的好处在于可以像电影一样把很多不同的镜头结合到一起，在短短几十秒之内可以展现更多的内容，对于视频爱好者而言是一个不错的功能。

特别是对于喜欢自拍的用户来说，分段拍摄的好处就彻底显现出来了。相信很多人都看过美妆视频，一个素颜女生拿着化妆品往脸上"倒"，下一秒就变成了美女，或者是头上插两根筷子，就变成了杂志模特，这类视频就使用了分段拍摄功能。此外，还有各种换装视频、一秒变身视频等，如图3-10和图3-11所示。分段拍摄让视频变得神奇，也逐渐让很多人产生模仿的想法，即使是普通用户也可以轻松体验一把拍摄网红视频的乐趣。

图 3-10　　　　　　　　　　　　　　　图 3-11

打开抖音的拍摄界面，在拍摄模式中选择"分段拍"，如图 3-12 所示，选择"15秒"拍摄模式，然后点击快门按钮◯开始拍摄，再点击一次快门按钮◯，当按钮变为白色时，即代表第一段视频拍摄完成，如图 3-13 所示，此时如果需要拍摄第二段视频，可以再次点击快门按钮◯，重复上述操作。

图 3-12　　　　　　　　　　　　　　　图 3-13

合拍：巧用合拍实现引流

"合拍"是抖音提供的一种趣味新玩法，是指和别人合作拍摄一个短视频，常见的形式有唱歌类、搞怪类等。当网红或达人推出"合拍"视频后，其他用户可以点击"合拍"按钮进行互动拍摄，这种玩法能够蹭一波原视频的热度，帮助用户快速涨粉。

利用"合拍"功能拍摄视频的方法很简单，在抖音 App 中打开一段可以合拍的热门短视频，点击分享按钮➡，然后点击"合拍"按钮◎，如图 3-14 和图 3-15 所示。

此时会进入拍摄界面，点击快门按钮◯，即可开始拍摄，再次点击快门按钮◯，即可停止拍摄，可以根据自己的实际拍摄需求进行拍摄控制，如图 3-16 和图3-17 所示。

图 3-14

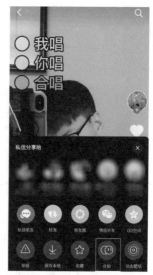

图 3-15

图 3-16

图 3-17

防抖：减少抖动保证对焦清晰

　　手抖是很多视频拍摄者的"小毛病"，在拍摄时，保持稳定是提升画面美观程度的重要因素之一，千万要注意不能手抖，时刻保持正确的对焦，这样才能拍摄出清晰的视频效果。

扫描看视频

为了防止画面抖动，也可以借助工具来辅助拍摄，如手持云台、三脚架等，如图 3-18 和图 3-19 所示。

图 3-18

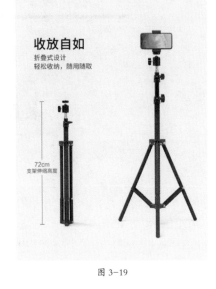

图 3-19

打光：利用光线增加画面美感

在拍摄短视频的过程中，正确使用光线是不可或缺的因素之一。光线不仅能照亮环境，还能通过不同的强度、色彩来呈现场景，改善短视频画面的呈现效果，提高视频画面的质感。

在拍摄人像时，多用柔光，这样可以增强画面美感，同时避免画面中产生明显的暗影和曝光。如果光线不清晰，可以手动打光，在光线不好的地方，或者夜晚光线昏暗的时候，可以使用 LED 或其他光照设备进行补光，如图 3-20 所示。

图 3-20

　　根据光线在画面中的不同作用，可以将光线分为主光、辅助光、环境光、轮廓光、眼神光、修饰光等。下面简单介绍在拍摄中常用的三灯布光法（主光、辅助光和轮廓光），这种布光手法适用于人像拍摄，如图3-21所示。

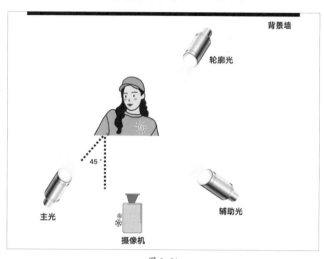

图 3-21

1.主光

　　主光，又称为"塑形光"，是刻画人物和表现环境的主要光线。在拍摄视频时，为了塑造出富有表现力的形象，需要有来自不同方位的光线为景物进行照明，但在这些光线中，必有一种光线起着主导的作用，这就是主光，如图3-22所示。主光标示主要光源的特性和投射方向，用于表现景物的形态、轮廓和质感。在艺术形象的塑造中，主光起着决定性作用，其他光线起陪衬作用。

图 3-22

主光的好坏直接影响被摄主体的形态及轮廓特征的表现，同时也影响画面的基调、光影结构和风格，是摄影师需要优先考虑的光线。主光位置的确定要根据光线的强弱、光的远近、垂直位置、被摄对象的性格特点、环境特征、作者的创作意图和画面构图等确定。

2. 辅助光

辅助光又称为"副光"，是用于补充主光的光线。辅助光一般是无阴影的软光。用于减弱主光造成的生硬、粗糙的阴影，降低受光面和背光面的反差，提高暗部影像的表现力，如图 3-23 所示。

图 3-23

在自然环境下拍摄时，如果阳光是主光，由天空散射，或地面、墙壁等反射出来的光线即为辅助光。在室内拍摄时，使用的都是照明灯具，这就需要合理地安排光位、角度和投射距离，选择和控制光照的强弱、光质的软硬、光斑的聚散，从而有效地发挥主、副光的造型作用。辅助光的亮度，应该低于主光，在一个画面中，除了个别强烈的效果光和服饰上的亮斑，一般来说主光是较亮的部分，辅助光是较暗的部分，两者组成了适宜的明暗阶调。

3. 轮廓光

轮廓光是 3 种光线中唯一不是模拟自然光的一种光线，轮廓光是对着摄像机方向照射的光线，其呈现的是逆光效果。轮廓光通过照亮被摄主体的头发、肩膀等边缘，将被摄主体和背景分开，增强了视频画面的层次感和纵深感，如图 3-24 所示。

在主体和背景影调重叠的情况下，轮廓光起到了分离主体和背景的作用。在拍摄中，轮廓光可以强调空间深度，交代远近物体的层次关系，用人为的方式区别被摄体与环境、背景的关系，形成被摄体与被摄体相互间的地位感，还能表达浓郁的现场气氛。

图 3-24

焦点：手动配置曝光和聚焦

视频对焦是否准确，是影响画面美观的因素之一。在拍摄视频时，大部分智能手机都可以自动聚焦被摄主体，虚化背景，让画面变得更清晰。如果画面中的对焦不准确，可以手动点击被摄主体，聚焦点将会对准被摄主体。

当手指点击画面后，屏幕上会出现聚焦圈和曝光按钮，如图 3-25 所示。按住小太阳往上移动，画面将会变亮，用于为画面补光；按住小太阳往下移动，画面将会变暗，如图 3-26 和图 3-27 所示。

扫描看视频

图 3-25   图 3-26   图 3-27

分辨率：选对视频拍摄的分辨率

　　想要拍摄一段优质的视频，高画质是基本的要求，成像质量有 50% 取决于手机摄像头的品质，剩下的 50% 取决于拍摄参数的设置。许多手机在拍摄时可以调整分辨率、画质等级、亮度、格式等参数，建议尽量选择较高的分辨率、较高的画质和易于编辑的格式，以保证得到最佳的视频品质。

扫描看视频

　　设置视频拍摄分辨率的方法很简单，以华为手机为例，打开手机相机后，在相应拍摄模式下点击"设置"按钮，即可以在展开的列表中设置分辨率，如图 3-28~ 图 3-30 所示。

图 3-28

图 3-29

图 3-30

　　下面简单介绍不同分辨率的概念和用途。

1. 480P标清分辨率

　　480 表示的是垂直分辨率，简单来说就是垂直方向上有 480 条水平扫描线；P 是 Progressive 的缩写，代表逐行扫描。480P 分辨率无论是在拍摄视频时，还是在观看视频时，都属于比较流畅、清晰度一般的分辨率，480P 分辨率的画面效果如图 3-31 所示，而且其占用的手机内存较小，在播放时对网络方面的要求不是很高，即使在网络不太好的情况下，480P 的视频基本上也能正常播放。

图 3-31

2. 720P高清分辨率

720P 的完整表达式为 HD 720P，其常见分辨率为 1280×720，使用该分辨率拍摄出来的视频具有立体音的听觉效果，这一点是 480P 无法做到的。无论是视频拍摄者，还是观众，如果对音效要求较高，采取 720P 高清分辨率进行视频拍摄都是一个不错的选择，720P 分辨率的画面效果如图 3-32 所示。

图 3-32

3. 1080P全高清分辨率

1080P 在众多智能手机中表示为 FHD 1080P，其中，FHD 是 Full High Definition 的缩写，意为全高清。1080P 比 720P 所能显示的画面清晰程度更胜一筹，因此对于手机内存和网络的要求也更高。1080P 延续了 720P 所具备的立体音效，同时画面效果更佳，其分辨率能达到 1920×1080，在展示视频细节方面，1080P 有相当大的优势，1080P 分辨率的画面效果如图 3-33 所示。

图 3-33

4. 4K 超高清分辨率

在部分手机中表示为 UHD 4K，UHD 是 Ultra High Definition 的缩写，是 FHD 1080P 的升级版，分辨率达到了 3840×2160，是 1080P 的数倍之多。采用 4K 超高清分辨率拍摄出来的手机视频，无论是在画面清晰度方面，还是在声音的展示上，都有着极强的表现力，4K 分辨率的画面效果如图 3-34 所示。

图 3-34

拓展讲解

分辨率越高，拍摄出来的视频质量就越好，但是占用的内存也会越大。以主流的 1080P 全高清视频为例，拍摄一个 1 分钟的短视频所需空间最少为 100MB。拍摄 2K 或者 4K 视频，所需的空间会更大。而在实际拍摄中，要达到预想的创意或效果，一般会拍摄多遍或多段素材，所以手机务必要预留一定的存储空间，以确保拍摄工作能正常进行。

构图：使用网格功能辅助构图

为了辅助拍摄构图，智能手机提供了网格功能辅助拍摄。拍摄网格功能在默认情况下不会开启，以华为手机为例，如需要启用拍摄网格功能，可以打开手机相机，点击右上角的"设置"按钮，在展开的列表中点击"参考线"（部分手机中的名称为构图线或网格线）右侧的开关按钮，即可启用拍摄网格功能。完成操作后，返回拍摄界面即可看到网格线，如图3-35和图3-36所示。

图 3-35

图 3-36

[02] 精美构图：轻松强化视觉美感

构图就是利用视觉要素，在画面空间内将所有元素组织起来。构图是点、线、面、形态、光线、明暗色彩的相互配合，是创作者审美的具体反映，同时也是作品成功与否的重要因素之一。

拍摄视频与拍摄照片相似，都需要对画面中的主体进行恰当摆放，使画面看上去更加和谐和舒适，这便是构图的意义所在。在拍摄时，成功的构图能够使作品重点突出，有条有理且富有美感，令人赏心悦目。本节介绍一些常用的构图手法，帮助新手快速掌握构图技巧。

扫描看视频

中心构图法

中心构图是一种简单且常见的构图方式，主要是通过将主体放置在画面的中心进行拍摄，更好地突出视频拍摄主体，让观众一眼就看到视频要表现的重点，从而将目光锁定在主体对象上，了解视频想要传递的信息。利用"中心构图法"拍摄频最大的优点在于主体突出、明确，而且画面容易达到左右平衡的效果，并且构图简练，非常适合用来表现物体的对称性，如图 3-37 所示。

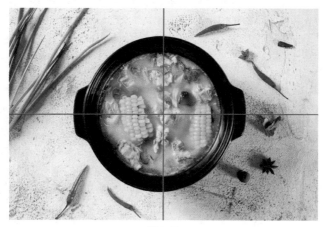

图 3-37

九宫格构图法

九宫格构图又称为井字形构图，是拍摄中重要且常见的一种拍摄手法。九宫格拍摄视频，就是把画面当作一个有边框的区域，将上、下、左、右 4 个边框分为 3 等份，然后用直线把这些点连接起来，形成一个"井"字。连接点所形成的 4 条直线为画面的黄金分割线，4 条线相交形成的点为画面的黄金分割点，也可以称其为"趣味中心"。在拍摄时，将主体放在"趣味中心"上，可以很好地突出拍摄主体，如图 3-38 所示的画面就是比较典型的九宫格构图，作为主体的向日葵被放在了"趣味中心"的位置，整个画面看上去非常有层次感。

图 3-38

三分线构图法

三分线构图是一种经典且简单易学的拍摄构图技巧，通过将视频画面从横向或纵向分为 3 部分，然后在拍摄视频时，将对象或焦点放在三分线的某一个位置上进行构图取景，这样可以让对象更加突出，且画面更具层次感，如图 3-39 所示。

图 3-39

拓展讲解

三分线构图一般是将视频拍摄主体放在偏离画面中心的 1/6 处，使画面不至于太枯燥和呆板，还能突出视频拍摄的主题，使画面更加紧凑、有力。此外，使用三分线构图能使画面具有平衡感，画面左右或上下会更加协调。

对称构图法

对称构图即按照对称轴或对称中心，使画面中的景物沿中心对称，如图 3-40 所示。对称构图法常用于拍摄建筑物、公路等，能带给观众一种稳定、安逸、平衡的感觉。

图 3-40

　　　对称构图在短视频拍摄时容易受到限制，因为这种构图会给观众带来一种过于平稳甚至呆板的感觉，因此，在拍摄短视频时不宜过多地使用这种构图方式，而应与其他构图方式合理搭配使用。

对角线构图法

　　对角线构图是指主体沿画面对角线方向排列，能表现出强烈的动感、不稳定性或生命力，给观众一种饱满的视觉体验，这种构图方式在拍摄时较为常见。

　　对角线构图是经典构图方式之一，通过将主体元素安排在对角线上，能有效利用画面对角线的长度，同时也能使衬体与主体发生直接关系。对角线构图拍出的画面富有动感、画面活泼，容易产生线条的汇聚趋势，吸引观众的视线，并达到突出主体的作用，如图 3-41 所示。

图 3-41

引导线构图法

　　引导线构图又称为透视构图，是指视频画面中的某一条线或某几条线由近及远形成的延伸感，能使观众的视线沿着视频画面中的线条汇聚到一个点上。

　　视频拍摄中的引导线构图可大致分为单边透视和双边透视两种。单边透视是指视频画面中只有一条带有由远及近形成延伸感的线条；双边透视则是指视频画面两边都带有由远及近形成延伸感的线条，如图 3-42 所示。

　　　在拍摄视频时，引导线构图可以增强视频画面的立体感，而且引导线本身就有近大远小的规律，视频画面中近大远小的事物组成的线条或者本身具有的线条，能让观众沿着线条指向的方向看去，因此具有较强的引导观众视线的作用。

图 3-42

三角形构图法

三角形具备稳固、坚定、耐压的特点，例如埃及的金字塔、自行车的车架、起重机、屋顶等都是三角形的。在构图时，三角形也发挥着至关重要的作用，它能带给人稳定的感觉，使整体画面趋于平衡。一般来说，三角形构图分为 3 种：正三角形、倒三角形和斜三角形，不同三角形构成的画面能给人带来不同的视觉感受。

正三角形给人稳定感，透过画面可以表达出一种壮阔、宏伟、严肃的感官体验，正因为这种特性，所以正三角形构图大多用于拍摄巍峨的山峰或建筑物等，如图 3-43 所示，画面给人带来的直观感受是端正、严肃，缺点是拍出来的效果有些呆板。

图 3-43

相较于正三角形的稳定，倒三角形看起来不那么平稳，它像一个随时会倒下的不倒翁，可以令画面更具趣味性。倒三角形构图的优点在于，其可以用于打破画面的呆板及对称，使画面更加生动、活泼，如图 3-44 所示。

图 3-44

　　生活中看到的许多场景并不能形成一个标准的三角形，因此在拍摄中，通常会寻找几个点或线条，使其构成一个斜三角形，让画面充满稳定性，却又不失灵活感，同时还能增加一定的趣味性，如图 3-45 所示，在拍摄时，可以灵活调整对象的摆放位置，从而创造"三角形"。

图 3-45

[03]　景别运用：提升画面空间表现力

　　景别，通常是指在焦距一定的情况下，摄影机与被摄体的距离不同，进而造成被摄体在摄影机取景器中所呈现出的范围大小的区别。在电影中，导演和摄影师利用复杂多变的场面调度和镜头调度，

扫描看视频

交替使用各种不同的景别，这样可以使影片剧情的叙述、人物思想感情的表达、人物关系的处理更具有表现力，从而增强影片的艺术感染力。

根据镜头与拍摄主体的距离不同，景别大致可以分为以下几种。

极远景

在极远景拍摄的画面中，人物小如蚂蚁，在航拍镜头中比较常见。极远景镜头一般是空镜头，通常用于视频开篇，主要是为了强调拍摄主体所处的大环境及范围，如图 3-46 所示。

图 3-46

远景

远景一般用来展现远离镜头的环境全貌，展示人物及其周围广阔的空间环境，例如自然景色和群众活动的画面。远景相当于人眼从较远的距离观看主体景物或人物，视野宽广，能包容广大的空间，人物在画面中所占的比例较小，背景占主导地位，画面给人以整体感，细部却不甚清晰，如图 3-47 所示。

图 3-47

全景

全景多用来表现场景的全貌与人物的全身动作，其活动范围较大，人物的体型、衣着打扮、身份交代得比较清楚，环境、道具清晰明了。在电视剧、电视专题、电视新闻中，全景镜头不可缺少，大多数节目的开端、结尾部分都会用到全景或远景，全景画面比远景更能全面阐释人物与环境之间的密切关系，可以通过特定环境来表现特定人物，被广泛应用于各类影视作品中。相比远景画面，全景更能展示出人物的行为动作和表情相貌，也可以从某种程度上展现人物的内心活动。

全景画面中包含整个人物形象，既不像远景那样由于细节过小而不能很好地进行观察，又不会像中近景画面那样无法展示人物全身的形态动作，如图 3-48 所示。在叙事、抒情和阐述人物与环境的关系的功能上，全景具有独特的作用。

图 3-48

中景

取景框的底边卡在人物膝盖上下的部位或场景局部的画面被称为中景画面，俗称"七分像"，这是表演场面中常用的景别。和全景相比，中景包容景物的范围有所缩小，环境处于次要地位，重点在于表现人物的上身动作，中景画面为叙事性景别，因此中景在影视作品中所占的比重较大。

处理中景画面时应注意避免直线条式的死板构图，同时要讲究拍摄角度、演员调度、人物姿势等，避免构图单一。在拍摄人物时，要注意掌握分寸，不要卡在腿关节部位，可以根据内容及拍摄场景灵活调整构图。

中景是叙事性极强的一种景别，在包含对话、动作和情绪交流的场景中，利用中景可以表现人物之间、人物与周围环境之间的关系，如图 3-49 所示。中景的特点决定了它可以更好地表现人物的身份、动作及动作的目的，当拍摄的人物较多时，可以清晰地表现人与人之间的关系。

图 3-49

近景

    近景通常是指拍摄人物胸部以上或景物某一局部的画面，如图 3-50 所示。近景着重表现人物的面部表情，传达人物的内心世界，是刻画人物性格最有力的景别，电视节目中节目主持人与观众进行情绪交流时也多使用近景。近景适应了电视屏幕小的特点，在电视摄像中用得较多，因此有人说电视是近景和特写的艺术，近景产生的接近感，往往给观众较为深刻的印象。

图 3-50

    由于近景的画面可视范围较小，观察距离相对更近，人物和景物的尺寸足够大，细节比较清晰，所以非常利于表现人物的面部或者其他部位的表情神态。细微动作及景物的局部状态，这些是大景别画面所不具备的功能。

特写

拍摄特写时，镜头会距离摄取对象很近，通常以人物肩部以上的头像为取景参照，旨在突出人体的某个局部，或相应的物件细节、景物细节等，如图 3-51 所示。

图 3-51

特写镜头多用于提示信息、营造悬念，能细微地表现人物面部表情，刻画人物，表现复杂的人物关系，它具有生活中不常见的特殊的视觉感受，主要用来描绘人物的内心活动，背景处于次要地位，甚至会消失。演员通过面部将内心活动传给观众，特写镜头中的人物或其他对象均能给观众留下强烈的印象。在故事片、电视剧中，道具的特写往往蕴含着重要的戏剧因素。

由于特写画面视角最小，视距最近，画面细节最突出，所以能够最好地表现对象的线条、质感、色彩等特征。特写画面会把物体的局部放大，并且在画面中呈现单一的物体形态，所以使观众不得不把视觉集中，近距离仔细观察并接受对象信息。特写镜头有利于表现景物细节，也更易于被观众重视和接受。

大特写

大特写又称"细部特写"，只突出头像的局部，或身体、物体的某一细节，如人物的眉毛、眼睛等。大特写仅在取景框中包含人物面部的局部，如图 3-52 所示，或突出某一拍摄对象的局部。

当一个人的头部充满画面时，这样的镜头就被称为"特写镜头"。如果把摄影机推得更近，让演员的眼睛充满画面，这样的镜头就称为"大特写镜头"。大特写镜头的作用和特写镜头相同，只不过在艺术效果上更加强烈，这类镜头在一些惊悚片中较为常见，如图 3-53 所示。

图 3-52

图 3-53

[04] 道具拍摄：趣味效果更吸睛

在观看电影、电视或广告时，一定会发现大部分视频都需要借助道具完成拍摄。在一部视频中，除了演员，在拍摄场景中使用的桌子、椅子、杯子等，都可以称为"道具"。道具的存在是为了使视频更加和谐，使画面更加饱满，同时还能补充故事细节，完善整个故事的脉络。

内置道具：轻松塑造百变风格

随着智能手机的快速发展，很多拍摄类 App 不断更新各种功能，推出了拍摄道具、特效、滤镜等，吸引更多用户下载。抖音 App 内就设置了种类众多的拍摄道具，如图 3-54 所示。在打开抖音的拍摄界面后，点击左下角的道具按钮，再点击任意特效即可开拍。

抖音中的美颜特效也是其一大特色，这类特效通过磨皮、美白、瘦脸等功能，将人物的面部精致化，有的甚至加上了妆容、帽子、耳饰等，如图 3-55 所示。

图 3-54

图 3-55

生活道具：巧用物件打造创意大片

生活道具就是大家在日常生活中经常看到的东西，生活道具没有具体分类，吃、穿、用、行等的物品都是道具，如图 3-56 所示，女生拿在手中的树叶就是一种道具，因此用于辅助拍摄的工具都可以称为道具。

图 3-56

[05] 传统运镜：6种基本的拍摄手法

运镜，也被称为运动镜头，是通过机位、焦距和光轴的变化，在不中断拍摄的情况下形成视角、场景空间、画面构图、表现对象的变化。通过运镜拍摄，拍摄者可以增强短视频画面的动感。在拍摄过程中，摄像机有多种不同的运动方式，下面分别进行介绍。

推镜头：从远到近适合特写

推镜头是在被摄主体位置不变的情况下，摄像机向前缓缓移动或急速推进，从而靠近被摄主体。随着摄像机的前推，画面从远景逐渐变为近景或特写，这一系列连续的变化过程就是推镜头，如图 3-57 所示。推镜头的主要作用是突出被摄主体，使观众的注意力集中，视觉感受得到加强，符合观众在实际生活中由远而近、从整体到局部观察事物的过程。

图 3-57

拉镜头：从近到远营造反差

拉镜头与推镜头方向相反，它是通过移动摄像机逐渐远离被摄主体的过程，如图 3-58 所示。拉镜头可以分为慢拉、快拉和猛拉。在使用拉镜头时，取景范围由小变大，画面从一个局部逐渐扩展，把陪体和环境纳入画面中；另外，被摄主体由大变小，细节将不再清晰，与观众的距离也逐渐拉大，使观众视点后移，看到局部和整体之间的联系。

摇镜头：客观视角拍大场面

摇镜头是指摄像机本身所处位置不变，借助摄像机的活动底盘，镜头上下左右摇摆拍摄，类似人的目光对被摄主体进行巡视，如图 3-59 所示。摇动镜头常用来表示宽广的大场景，特别是上下摇动镜头，常用来展示被摄主体的高大宏伟，能够让观众产生一种身临其境的感觉。

图 3-58

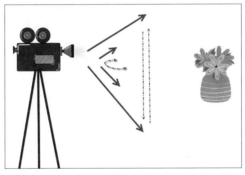

图 3-59

移镜头：边走边看适合旅拍

移镜头又被称为移动拍摄，从广义上讲，运动拍摄的各种方式都称为移动拍摄。但在通常意义上来说，移动拍摄专指摄像机本身所处位置不移动，借助轨道或摇臂，沿水平面在移动过程中拍摄对象，如图 3-60 所示。移镜头具有完整、流畅、富于变化的特点，能够开拓视频画面的空间，表现大场景、多层次的复杂场景，可以增加被摄主体的视觉艺术效果。

拓展讲解

移镜头类似日常生活中人们边走边看的状态，在这种情况下，被摄主体的背景会有所变化，无论被摄主体是固定不动还是处于运动状态的，由于镜头的移动，被摄主体的背景在连续的转换中总是变化的。值得一提的是，移拍与摇拍相结合，可以形成摇移拍摄的方式。

图 3-60

跟镜头：同步跟随拍出霸气

跟镜头也是一种移动镜头，它与移镜头的不同之处在于，当摄像机的拍摄方向与被摄主体的运动方向一致或完全相反，且与被摄主体保持等距离运动时，才被称为跟镜头，也就是摄像机的镜头始终跟随被摄主体一起运动，适用于连续表现人物的动作。

跟镜头既能突出运动中的被摄主体，又能表现其运动方向、速度，以及与环境的关系，有利于展示被摄主体在动态中的形态。大家在综艺节目中经常能够看到艺人的单独镜头，这是因为每个人都有一个跟拍摄像机，这个艺人出现的镜头就是属于跟镜头。

甩镜头：快切快甩衔接画面

甩镜头，也称为扫摇镜头，是指摄像机只通过上下或左右的快速移动或旋转，来实现从一个被摄体转向另一个被摄体的切换，可以用于表现急剧的变化。这一镜头的好处在于，可作为场景变换的手段且不露剪辑痕迹，使画面更有爆发力。

[06] 新锐运镜：不会剪辑也没关系

除了传统的运镜方式，很多短视频爱好者研究出了很多新式运镜的方法，例如抖音平台上爆火的快慢速调整拍摄、手势运镜等。

快慢速调整拍摄是抖音上很火爆的视频类型之一，该视频的特点是速度时快时慢。在拍摄街道或车流时，将视频的速度加快，如图 3-61 所示，直到拍摄主体出现，视频速度放慢，制作成慢动作效果，如图 3-62 所示，一快一慢之间将音乐与节奏融合，提升了视频质感，增强了画面效果。

图 3-61

图 3-62

手势歌词拍摄法是指，根据手的动作方向与运镜方向保持一致进行拍摄，这类视频可以让观众感觉到自己与视频互动，拉近与观众的距离，还可以让视频变得更炫酷。拍摄这类视频前，需要与演员沟通清楚，提前说明按照什么动作顺序进行拍摄，例如首先让演员的手指指向上方，此时镜头也快速从演员甩动到演员头顶上方的位置，接下来依次按照方向甩动镜头，最后镜头再甩向演员，如图 3-63 和图 3-64 所示。

图 3-63

图 3-64

剪映软件：
让视频编辑
更加轻松

如果将视频编辑工作看作一个建房子的过程，那么素材则可以看作建房子的基石。大家进行视频编辑处理工作时的第一步，是要掌握编辑素材的各项基本操作，例如素材分割、时长调整、复制素材、删除素材、变速和替换等。只有掌握了视频编辑工具的使用方法，创作和编辑视频的过程才会变得更加得心应手。本课就详细介绍一款简单好用的视频编辑软件——剪映。

[01] 剪辑：二次创作内容更优

　　剪映作为一款手机 App，与 PC 端常用的 Premiere Pro、"会声会影"等剪辑软件有许多相似之处，例如，在素材的轨道分布上同样做到了一个素材对应一个轨道。剪映 App 的诞生，为很多视频编辑新手带来了福音，下面就一起来学习剪映 App 中的基本剪辑功能吧！

导入素材：图片、视频都可以

　　打开剪映 App，在主界面中点击"开始创作"按钮 ⊞，打开手机相册，可以选择一段或多段视频（或图片），完成选择后，点击底部的"添加"按钮，如图 4-1 和图 4-2 所示。进入视频编辑界面，此时可以看到选择的素材分布在了同一条轨道中，如图 4-3 所示。

扫描看视频

图 4-1　　　　　　　　　图 4-2　　　　　　　　　图 4-3

素材库：转场、绿幕应有尽有

　　在剪映 App 中，除了可以添加手机相册中的视频和图像素材，还可以将剪映素材库中的视频及图像素材添加到项目中，如图 4-4 所示。

　　素材库中提供了不同类别的素材，不仅有新年氛围、倒计时、插入动画、搞笑片段等，还有目前抖音平台中热门的转场素材、绿幕素材等，如图 4-5 和图 4-6 所示。在编辑视频时，可以尝试加入

扫描看视频

这些素材，以增强视频的趣味性。

　　图 4-4　　　　　　　　　　　图 4-5　　　　　　　　　　　图 4-6

分割：素材片段随意截取

　　在剪映 App 中分割素材的方法非常简单，首先将时间线定位到需要进行分割的时间点，如图 4-7 所示，再选中需要进行分割的素材，在底部工具栏中点击"分割"按钮 ，即可将选中的素材按时间线所处位置一分为二，如图 4-8 和图 4-9 所示。

扫描看视频

　　图 4-7　　　　　　　　　　　图 4-8　　　　　　　　　　　图 4-9

动画：素材出入场有讲究

　　剪映 App 提供了旋转、伸缩、回弹、形变、拉镜、抖动等众多动画效果，在完成画面的基本调整后，如果觉得画面效果比较单调，

扫描看视频

可以尝试为素材添加动画效果，从而达到丰富画面的目的。

　　在轨道区域中选择一段素材，并在底部工具栏中点击"动画"按钮 ，进入动画选项栏，可以看到"入场动画 ⊡""出场动画 ⊡""组合动画 ⊡"3 种类型，在其中可以点击任意效果将其应用到视频画面中，如图 4-10 和图 4-11 所示。

图 4-10

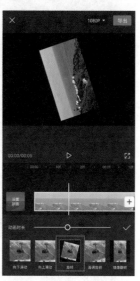
图 4-11

编辑：素材大小随意调整

　　运用剪映 App 中的"编辑"工具，可以对视频画面进行二次构图，裁剪掉多余的内容，让画面布局更加协调。在剪映 App 中调整素材大小的方法有以下两种。

　　第一种是用双指拖动来直接放大缩小，同时还可以调整位置。在轨道中选中视频素材后，点击工具栏中的"编辑"按钮 ⊡，即可以在预览画面中移动视频位置，并通过双指缩放视频，如图 4-12 和图 4-13 所示。

　　第二种是使用软件提供的尺寸预设对视频画面进行裁剪。在轨道中选中素材后，点击"编辑"按钮 ⊡，然后点击"裁剪"按钮 ⊡，如图 4-14 所示，在下方裁剪模式中选择所需比例进行裁剪，如图 4-15 所示。

蒙版：特定区域特殊效果

　　蒙版也被称为"遮罩"。在剪映 App 中，通过蒙版可以轻松遮挡或显示部分画面，这是视频编辑处理时非常实用的一项功能。剪映 App 提供了几种不同形状的蒙版，如线性、镜面、圆形、爱心和星形等，这些蒙版可以作用于固定的范围。如果想让画面中的某个部分以几何图形的状态在另一个画面中显示，则可以使用蒙版功能来实现这一操作。

图 4-12

图 4-13

图 4-14

图 4-15

　　在剪映 App 中添加蒙版的操作很简单，首先在轨道区域选择需要应用蒙版的素材，然后点击底部工具栏中的"蒙版"按钮，如图 4-16 所示。在打开的蒙版选项栏中，可以看到不同形状的蒙版，如图 4-17 所示。

在选项栏中点击形状蒙版，并点击右下角的确定按钮 ✓ ，即可将形状蒙版应用到所选素材中，如图 4-18 所示。

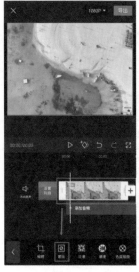

图 4-16　　　　　　　　　　图 4-17　　　　　　　　　　图 4-18

替换：随时替换老旧素材

替换素材是视频剪辑的一项必备技能，它能够帮助用户打造出更加符合心意的作品。在进行视频编辑处理时，如果对某一部分的画面效果不满意，若直接删除该素材，势必会对整个剪辑项目产生影响。如果想在不影响剪辑项目的情况下换掉不满意的素材，可以通过剪映 App 中的"替换"功能来轻松实现。

在轨道区域中，选中需要进行替换的素材片段，在底部工具栏中点击"替换"按钮 🔁 ，如图 4-19 所示。接着，进入素材添加界面，点击要替换的素材，即可完成替换操作，如图 4-20 所示。

滤镜：视频风格一键切换

滤镜可以说是如今各大视频编辑 App 的必备技能，通过为素材添加滤镜，可以很好地掩盖拍摄缺陷，并且可以使画面更加生动、绚丽。剪映 App 提供了数十种视频滤镜特效，合理运用这些滤镜效果，可以模拟各种艺术效果，并对素材进行美化，从而使视频作品更加引人注目。

在剪映 App 中，可以将滤镜应用到单个素材，也可以将滤镜作为独立的一段素材应用到某一时间段，下面分别讲解具体的操作方法。

图 4-19

图 4-20

1. 将滤镜应用到单个素材

在轨道区域中，选择一段视频素材，然后点击底部工具栏中的"滤镜"按钮，如图 4-21 所示，进入滤镜选项栏，在其中点击一款滤镜效果，即可将其应用到所选素材上，通过上方的调节滑块可以改变滤镜的强度，如图 4-22 所示。

图 4-21

图 4-22

完成操作后,点击右下角的"确定"按钮 ✓,此时的滤镜效果仅添加给了选中的素材,若需要将滤镜效果同时应用到其他素材上,可以在选择滤镜效果后点击"应用到全部"按钮 🗄。

2. 将滤镜应用到某一段时间

在未选中素材的状态下,点击底部工具栏中的"滤镜"按钮 🎨,如图 4-23 所示,进入滤镜选项栏,在其中点击一款滤镜效果。

选取滤镜后,点击右下角的"确定"按钮 ✓,此时轨道区域将生成一段可调整时长和位置的滤镜素材,如图 4-24 所示。调整滤镜素材的方法与调整音视频素材的方法一致,按住素材首尾处的图标 进行拖动,可以对素材的持续时长进行调整;选中素材前后拖动,即可改变素材需要应用的时间段,如图 4-25 所示。

图 4-23

图 4-24

图 4-25

调节:视频细节打好基础

在剪映 App 中,除了可以运用滤镜效果一键改善画面色调,还可以通过手动调整亮度、对比度、饱和度等色彩参数,进一步营造自己想要的画面效果。

在未选中素材的状态下,拖动下方工具栏,点击"调节"按

扫描看视频

钮 🎛,将会出现"亮度""对比度""饱和度"等功能按钮,如图 4-26 和图 4-27 所示。点击"亮度"按钮,轨道中会出现调节素材,拖动素材可以

调整时长和起始时间，拖动对应效果上方的调节滑块，可以调整效果的强度，如图 4-28 所示。

 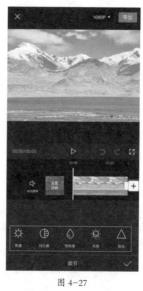 

图 4-26　　　　　　　　　图 4-27　　　　　　　　　图 4-28

[02]　音频处理：有效提升视频档次

音乐在一段视频中既能够烘托视频主题，也能渲染观众情绪，是视频中不可分割的一部分。剪映 App 提供了较为完备的音频处理功能，支持在剪辑项目中对音频素材进行音量调整、音频淡化处理、复制音频、删除音频和降噪处理等操作。

音乐库：一键应用动人乐曲

在轨道区域中，将时间线定位至所需时间点，在未选中素材状态下，点击"添加音频"按钮，或点击底部工具栏中的"音频"按钮 ，在打开的音频选项栏中点击"音乐"按钮，如图 4-29 和图 4-30 所示。

扫描看视频

图 4-29　　　　　　　　　图 4-30

　　完成上述操作后，将进入剪映音乐素材库，如图 4-31 所示。剪映音乐素材库对音乐进行了细致分类，可以根据音乐类别，快速挑选适合影片基调的背景音乐。

　　在音乐素材库中，点击任意一款音乐，即可对音乐进行试听，此外，通过点击音乐素材右侧的"使用"按钮，可以将音乐素材添加至轨道区域，如图 4-32 所示。

图 4-31

图 4-32

音效：网络音效随时添加

扫描看视频

　　在轨道区域中，将时间线定位至需要添加音效的时间点，在未选中素材的状态下，点击"添加音频"按钮，或点击底部工具栏中的"音频"按钮♪，在打开的音频选项栏中点击"音效"按钮⚡，如图 4-33 所示。

　　完成上述操作后，即可打开音效选项栏，如图 4-34 所示，在展开的列表中可以看到综艺、笑声、机械、游戏、魔法、打斗、动物等不同类别的音效。添加音效素材的方法与添加音乐的方法一致，点击音效素材右侧的"使用"按钮，即可将音效添加到剪辑项目，如图 4-35 所示。

图 4-33

图 4-34　　　　　　　　　　图 4-35

提取音乐：分离视频中的音乐

剪映支持对本地相册中拍摄和存储的视频进行音乐提取操作，简单来说，就是将其他视频中的音乐提取出来并单独应用到剪辑项目中。

提取视频音乐的方法非常简单，在音乐素材库中切换至"导入音乐"选项栏，然后在选项栏中点击"提取音乐"按钮 ，接着点击"去提取视频中的音乐"按钮，如图 4-36 所示。在打开的素材界面中选择带有音乐的视频，然后点击"仅导入视频的声音"按钮，如图 4-37 所示。

图 4-36   图 4-37

完成上述操作后，视频中的背景音乐将被提取并导入音乐素材库，如图 4-38 所示。如果要将导入素材库中的音乐素材删除，则长按素材，即可显示"删除该音乐"按钮，如图 4-39 所示。

图 4-38   图 4-39

除了可以在音乐素材库中进行视频音乐提取操作，还可以选择在视频编辑界面中完成音乐提取的操作。在未选中素材状态下，点击底部工具栏中的"音频"按钮，然后在打开的音频选项栏中点击"提取音乐"按钮，选择需要提取的视频，点击"去提取视频中的音乐"按钮，即可将视频音乐添加至轨道区，如图 4-40 和图 4-41 所示。

图 4-40

图 4-41

抖音收藏：联动抖音快速配乐

作为一款与抖音直接关联的短视频剪辑软件，剪映 App 支持在剪辑项目中添加抖音平台中的音乐。在进行该操作前，需要在剪映 App 主界面中切换至"我的"选项栏，并登录抖音账号。通过这一操作，剪映 App 就与抖音建立了账户连接，之后用户在抖音中收藏的音乐就可以直接在剪映的"抖音收藏"中找到并进行调用了，如图 4-42 所示。

扫描看视频

点击轨道区的"添加音频"按钮，再点击"抖音收藏"按钮，即可打开在抖音账号中收藏的音乐清单，如图 4-43 和图 4-44 所示，点击右侧的"使用"按钮，即可将音乐添加至轨道区域。

图 4-42

图 4-43

图 4-44

录音：快速为自己的视频配音

通过剪映 App 中的"录音"功能，可以实时地在剪辑项目中完成旁白的录制和编辑工作。在使用剪映 App 录制旁白前，最好先连接上耳麦，如果有条件可以配备专业的录音设备，这样能有效地提高声音质量。

扫描看视频

开始录音前，先在轨道区域中将时间线定位至音频开始的时间点，然后在未选中素材的状态下，点击底部工具栏中的"音频"按钮 🎵，在打开的音频选项栏中点击"录音"按钮 🎤，如图 4-45 所示。在展开的选项栏中，按住红色的录制按钮，如图 4-46 所示。

图 4-45

图 4-46

在按住录制按钮的同时，轨道区域将同时生成音频素材，如图 4-47 所示，此时可以根据视频内容录入相应的旁白。完成录制后，释放录制按钮，即可停止录音。点击右下角的确定按钮 ✓，保存音频素材，之后即可对音频素材进行音量调整、淡化、分割等操作，如图 4-48 所示。

图 4-47

图 4-48

拓展讲解

　　在录制音频时，可能会由于口型不匹配，或环境干扰等原因造成音效不自然，因此要尽量选择安静、没有回音的环境完成录制工作。在录音时，嘴巴需要与麦克风保持一定距离，可以尝试用打湿的纸巾将耳麦包裹住，防止"喷麦"。

淡化：视频结尾淡化收音

对于一些没有前奏和尾声的音频素材，在其前后添加淡化效果，从而有效降低音乐进出场时的突兀感；若在两个衔接音频之间加入淡化效果，则可以令音频之间的过渡更自然。

在轨道区域中选中音频素材，点击底部工具栏中的"淡化"按钮 ⏸，在打开的淡化选项栏中，可以自行设置音频的"淡入时长"和"淡出时长"，如图 4-49 和图 4-50 所示。

图 4-49

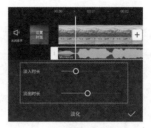

图 4-50

踩点：制作音乐卡点视频的关键

音乐卡点视频是如今各大短视频平台上一种比较热门的视频玩法，通过后期处理，将视频画面的每一次转换与音乐鼓点相匹配，整个画面会变得节奏感极强。

以往在使用视频剪辑软件制作卡点视频时，往往需要一边试听音频效果，一边手动标记节奏点，是一项既费时又费力的工作，因此制作卡点视频让许多新手创作者望而却步。如今，剪映这款全能型的短视频剪辑 App，针对新手推出了特色"踩点"功能，不仅支持手动标记节奏点，还能帮助用户快速分析背景音乐，自动生成节奏标记点。

下面介绍剪映 App 两种不同的踩点方法。

1. 手动踩点

在轨道区域中添加音乐素材后，选中音乐素材，点击底部工具栏中的"踩点"按钮 🚩，如图 4-51 所示。在打开的踩点选项栏中，将时间线定位至需要进行标记的时间点，然后点击"添加点"按钮，如图 4-52 所示。

图 4-51

图 4-52

　　完成上述操作后，即可以在时间线所处位置添加一个黄色标记，如果对添加的标记不满意，可以将时间线拖至标记位置，点击"删除点"按钮，即可将标记删除，如图 4-53 和图 4-54 所示。

　　添加标记点后，点击确定按钮✓保存操作，此时在轨道区域中可以看到刚刚添加的标记点，如图 4-55 所示，根据标记点所处位置可以轻松对视频进行剪辑，完成卡点视频的制作。

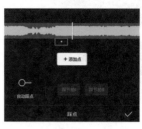 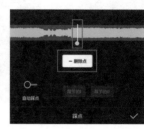 

图 4-53　　　　　　　　　　图 4-54　　　　　　　　　　图 4-55

2.自动踩点

　　剪映 App 提供了音乐自动踩点功能，单击功能按钮即可以在音乐素材上自动标记节奏点，并可以按照个人喜好选择"踩节拍"或"踩旋律"模式，让作品节奏感爆棚。相较于手动踩点功能，自动踩点功能更方便、高效和准确，因此，推荐使用自动踩点的方法制作卡点视频。

　　点击"踩点"按钮⏱后，在界面左下角开启"自动踩点"功能━○，并点击"踩节拍 I"或"踩节拍 II"按钮，如图 4-56 所示，在音乐素材中将自动出现标记点，点击确定按钮✓保存操作，此时在轨道区域中可以看到刚刚添加的标记点，如图4-57 所示。

图 4-56　　　　　　　　　　　　　图 4-57

03　文字：丰富信息的定位传递

　　在影视作品中，字幕就是将语音内容以文字的方式显示在画面中的元素。对于观众来说，观看视频的行为是一个被动接受信息的过程，多数时候观众难以集中注意力，此时就需要用到字幕来帮助观众更好地理解和接受视频内容。

新建文本：大小位置随时调整

在创建剪辑项目后，在未选中素材的状态下，点击底部工具栏中的"文字"按钮 **T**，在打开的文本选项栏中，点击"新建文本"按钮 **A+**，如图 4-58 和图 4-59 所示。

图 4-58　　　　　　　　　图 4-59

此时将弹出输入键盘，可以输入喜欢的文字，文字内容将同步显示在预览区域，如图 4-60 和图 4-61 所示，完成后点击 ✓ 按钮进行确认，即可以在轨道区域中生成文字素材。

图 4-60

图 4-61

文字模板：好看效果一键调用

文字模板是一种文字设计样式，文字的字体、大小、颜色、位置等都已经设置好，只需要点击即可使用。点击"文字"按钮 **T** 后，再点击"文字模板"按钮 **[A]**，可以看到"标题""字幕""卡拉

OK"等字幕种类，如图 4-62 和图 4-63 所示。

图 4-62   图 4-63

　　点击其中一种样式，文字效果将显示在预览区域，如图 4-64 所示，点击需要修改的文字，可以打开键盘进行修改，如图 4-65 所示，完成后点击确定按钮，即可以在轨道区域中生成文字素材。

图 4-64   图 4-65

识别字幕和歌词：自动添加字幕的好帮手

　　在剪辑项目中添加背景音乐后，通过"识别歌词"功能，可以对音乐歌词进行自动识别，并生成相应的字幕素材，对于一些想要制作音乐 MV 短片、卡拉 OK 视频的创作者来说，这是一项非常省时省力的功能。

1. 识别字幕

　　在使用手机制作一些解说、谈话类的短视频时，经常会有大段的语音，在后视频处理时需要为每句话添加相应的字幕。在传统的后期制作工作中，制作字幕需要创作者反复试听语音，然后根据语音卡准时间点将文字输入进去，这样的做法势必会花费较多的时间。

剪映 App 内置的"识别字幕"功能，可以对视频中的语音进行智能识别，然后自动转化为字幕。通过该功能，可以快速且轻松地完成字幕的添加工作，以达到节省工作时间的目的。

添加一段带有音频的视频素材之后，点击底部工具栏中的"文字"按钮 **T**，再点击"识别字幕"按钮 **圖**，在弹出的对话框中点击"开始识别"按钮，当识别完成后，轨道区域中将生成字幕素材，如图 4-66~ 图 4-68 所示。

图 4-66   图 4-67   图 4-68

点击字幕素材，可以对文字进行各项编辑操作，包括添加样式、花字、气泡等，如图 4-69 和图 4-70 所示。

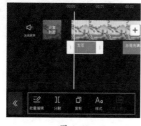 

图 4-69   图 4-70

2. 识别歌词

"识别歌词"功能的操作非常简单，下面进行简单的演示。在剪辑项目中完成背景视频素材的添加和处理后，将时间线定位至需要添加背景音乐的时间点，然后在未选中素材的状态下，点击底部工具栏中的"音频"按钮 ♪ ，然后点击"音乐"按钮 ⊙ ，如图4-71所示。进入音乐素材库后，在音乐素材库中自行选择一段背景音乐并添加至剪辑项目中，如图4-72所示。

图4-71　　　　　　　　　　　　　　图4-72

返回第一级底部工具栏，在未选中素材的状态下，点击底部工具栏中的"文字"按钮 T ，如图4-73所示。打开文本选项栏，点击其中的"识别歌词"按钮 ，如图4-74所示。

图4-73　　　　　　　　　　　　　　图4-74

在弹出的对话框中点击"开始识别"按钮，如图4-75所示。等待识别完成后，将在轨道区域中自动生成多段文字素材，并且生成的文字素材将自动匹配相应的时间点，如图4-76所示。

图 4-75

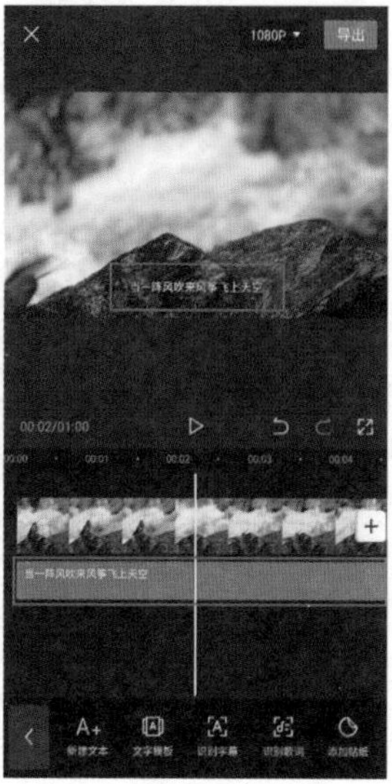

图 4-76

04 贴纸：为视频添加动感小元素

动画贴纸是如今许多短视频编辑类 App 中都具备的一项特殊功能，通过在视频画面上添加动画贴纸，不仅可以起到较好的遮挡作用，还能让视频画面看上去更酷炫。

在剪辑项目中添加视频或图像素材后，在未选中素材的状态下，点击底部工具栏中的"贴纸"按钮，在打开的贴纸选项栏中可以看到几十种不同类别的动画贴纸，如图 4-77 和图 4-78 所示。

图 4-77

图 4-78

贴纸的使用方法非常简单，点击一款喜欢的贴纸样式，该贴纸将出现在视频预览区，如图 4-79 所示，使用双指在屏幕上拖动可控制贴纸的大小和位置。

图 4-79

05　画中画：酷炫视频的必备操作

　　"画中画"功能可以让不同的素材出现在同一个画面中，通过此功能可以制作出众多创意视频，例如，让一个人分饰两角，或是营造"隔空"对唱、聊天的场景效果。在平时观看视频时，相信各位可能会看到有些视频将画面分为好几个区域，或者划出一些不太规则的区域播放其他视频，这在一些教学分析、游戏讲解类视频中较为常见，如图 4-80 所示。

扫播看视频

图 4-80

在剪映 App 中，一次最多支持添加 6 个画中画视频，如果添加太多反而会影响视频观感，在一般情况下，会用 3 个横向的视频拼成一个竖向视频，如图 4-81 所示；或用 3 个竖向视频拼成一个横向视频，如图 4-82 所示。

图 4-81

图 4-82

06 特效：必不可少的吸睛元素

剪映 App 提供了丰富且酷炫的视频特效，能够帮助用户轻松实现开幕、闭幕、模糊、纹理、炫光、分屏、下雨、浓雾等视觉效果。只要具备足够的创意和创作热情，灵活运用这些视频特效，可以立刻打造出吸引人眼球的"爆款"短视频。

扫描看视频

在剪映 App 中添加视频特效的方法非常简单，在创建剪辑项目并添加视频素材后，将时间线定位至需要出现特效的时间点，在未选中素材的状态下，点击底部工具栏中的"特效"按钮，即可进入特效选项栏，如图 4-83 和图 4-84 所示。

图 4-83

图 4-84

在特效选项栏中，通过滑动可以预览特效类别，在默认情况下，视频素材不具备特效效果，需要在特效选项栏中点击任意一种效果，并将其应用至视频素材，若不再需要特效效果，点击取消按钮即可。

点击特效即可将特效添加至轨道区域，拖动素材尾部的调整按钮，即可调整素材时长，如图 4-85 和图 4-86 所示，在工具栏中还可以对特效素材进行替换、复制或删除等操作。

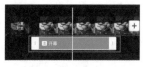
图 4-85

图 4-86

07　背景：视频的背景很重要

在进行视频编辑工作时，若素材没有铺满画布，势必会对视频观感造成影响。在剪映 App 中，可以通过"背景"功能来添加彩色、模糊或自定义图案的画布，以达到丰富画面效果的目的。

扫描看视频

画面比例：满足多种观看需求

在剪映 App 中，可以设置视频的画面比例，抖音平台常用的比例是 9:16，西瓜视频平台常用的比例是 16:9，还有一些常见的比例，如 1:1、4:3、3:4 等。使用正确的画面比例能够提升视频的质量，增强画面的美观程度。

在剪映 App 中添加一段视频素材，在未选中素材的状态下，点击底部工具栏中的"比例"按钮■，即可看到不同的比例选项，如图 4-87 和图 4-88 所示。点击 9:16 按钮，画面上下部分会变为黑色，如图 4-89 所示。

图 4-87

图 4-88

图 4-89

背景画布：视频背景也很重要

在进行视频编辑工作时，若素材画面没有铺满画布，势必会对视频观感造成影响。在剪映 App 中，可以通过"背景"功能来添加彩色、模糊或自定义图案的画布，以达到丰富画面效果的目的。

1.添加彩色画布背景

在剪辑项目中添加一个横画幅图像素材，在未选中素材的状态下，点击底部工具栏中的"比例"按钮 ■，如图 4-90 所示。打开比例选项栏，选择 9:16 选项，如图 4-91 所示。

图 4-90

图 4-91

由于画布比例发生改变，素材画面出现了未铺满画布的情况，上下均出现黑边，这是非常影响观感的；若此时在预览区域对素材画面进行放大，使其铺满画布，则会造成画面内容的缺失，如图 4-92 所示。

要想在不丢失画面内容的情况下使画布铺满，可以进行如下操作。在未选中素材的状态下，点击底部工具栏中的"背景"按钮 ▨，如图 4-93 所示。打开背景选项栏，点击"画布颜色"按钮 ◈，如图 4-94 所示。接着，在打开的"画布颜色"选项栏中选择任意颜色，即可将该颜色应用到画布，如图 4-95 所示，完成操作后，点击右下角的"确定"按钮 ✓ 即可。

图 4-92

图 4-93

图 4-94

图 4-95

2.应用画布样式

在剪映 App 中，除了可以为素材设置纯色画布，还可以应用画布样式，营造个性化的视频效果。应用画布样式的方法很简单，在未选中素材的状态下，点击底部工具栏中的"背景"按钮，如图 4-96 所示。打开背景选项栏，点击"画布样式"按钮，如图 4-97 所示。

图 4-96

图 4-97

在打开的"画布样式"选项栏中，点击任意一种样式，即可将该样式应用到画布，如图 4-98 所示。

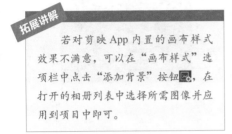

拓展讲解

　　若对剪映 App 内置的画布样式效果不满意，可以在"画布样式"选项栏中点击"添加背景"按钮，在打开的相册列表中选择所需图像并应用到项目中即可。

3. 设置模糊画布

　　前面介绍的两类背景画布均为静态效果。若在添加了视频素材后，想让画布背景跟随画面产生动态效果，则可以通过设置模糊画布来得到丰富画面、增强画面动感的效果。

图 4-98

　　在剪映 App 中添加一段视频素材，在未选中素材的状态下，点击底部工具栏中的"背景"按钮，如图 4-99 所示。打开背景选项栏，点击"画布模糊"按钮，如图 4-100 所示。

图 4-99

图 4-100

　　在打开的"画布模糊"选项栏中，可以看到剪映提供的 4 种不同程度的模糊效果，点击任意效果即可将其应用到项目中，如图 4-101 和图 4-102 所示。

图 4-101   图 4-102

视频设置：高清上传保证清晰度

为了更好地展示视频，在导出视频前需要先设置各项导出参数，以保证视频画质的清晰度。

打开剪映 App，添加视频素材后，进入视频编辑界面，点击右上角的 1080P 按钮 1080P ▼，进入设置界面，在其中可以对输出视频的分辨率进行选择，一般选择 1080P（超清）或 720P（高清）这两种主流分辨率，如图 4-103 和图 4-104 所示。

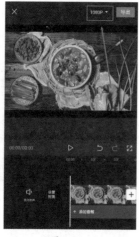

图 4-103   图 4-104

热门同款：
一键生成爆
款视频

抖音和剪映 App 中都具备同款创作功能，可以帮助新手轻松创建平台中热门的同款视频。抖音 App 专注于拍摄，用户在浏览视频时，如果看到心仪的效果，可以通过平台提供的"拍同款"功能，使用热门视频的同款贴纸、同款动效或音乐等；剪映 App 则更多地专注于剪辑，通过平台的"剪同款"功能，只需导入自己拍摄的素材视频或图像，便能一键生成热门视频效果。本课就具体介绍如何运用各类同款创作功能，快速生成创意作品。

[01] 拍同款：想拍抖音同款很简单

　　大家在"刷"抖音的时候，会发现很多热门视频的效果和音乐都差不多，只是换了视频的主角，这其实就是同款视频。同款视频在各大短视频平台中都非常火爆，当某个用户拍出了富有创意或新奇的短视频时，其他用户觉得有意思便会进行模仿拍摄，许多账号通过这种方式一夜爆红，收获众多粉丝的喜爱。

同款道具：趣味道具轻松获取

　　抖音平台提供了大量特效道具，并且还在根据用户需求不断推陈出新，不少人会利用道具增加自己视频的趣味性，部分观众在观看的同时也会产生想要模仿拍摄的想法。在如图 5-1 所示的视频中，创作者使用了抖音推出的"口红连环换"道具拍摄了视频，当其他用户看到时，若觉得视频有趣，难免会产生模仿拍摄的兴趣，这样一来不仅增强了创作者与观众的互动，还增加了道具的使用频次，带动了流量的涌入，对平台和用户都是好事。

　　如果用户也尝试使用同款道具进行拍摄，只需点击左下方的特效按钮，跳转界面后，可以看到其他使用这款道具拍摄的视频，如图 5-2 所示。点击界面底部的"拍同款"按钮，即可跳转至拍摄界面进行拍摄，如图 5-3 所示。

图 5-1　　　　　　　　　　图 5-2　　　　　　　　　　图 5-3

同款音乐：热搜音乐快速获取

喜欢抖音短视频的人都知道，许多热门视频的背景音乐都是相同的。背景音乐是增加视频曝光量的利器，因此在拍摄视频时，不妨使用热门音乐作为背景音乐，以此来提升自身作品的曝光量。

在观看热门视频作品时，如果对背景音乐感兴趣，也想使用该视频的音乐进行拍摄，可以直接点击右下角的 CD 形状按钮，跳转界面后可以查看该背景音乐的具体信息及使用了此音乐的视频作品，如图 5-4 和图 5-5 所示，点击"拍同款"按钮，即可使用该音乐进行拍摄。

当拍摄同款视频时，背景音乐会自动选择为与原视频相同的音乐，并展示在拍摄界面的上方，如图 5-6 所示。

图 5-4

图 5-5

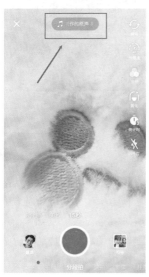
图 5-6

同款视频：搜索教程分秒学会

使用抖音拍摄同款短视频的方法非常简单，下面进行具体介绍。

STEP 01 打开一个想要模仿的视频作品，点击屏幕右下角的 CD 形按钮，如图 5-7 所示。

STEP 02 跳转界面后，点击屏幕下方的"拍同款"按钮，即可进入拍摄界面，在界面上方可以看到选择好的音乐，如图 5-8 和图 5-9 所示。

STEP 03 此时只需模仿原视频人物的动作及表情进行拍摄即可，当然也可以根据自己的想法进行拍摄，拍摄完成后，按照步骤提示发布作品即可。

图 5-7　　　　　　　　　　　图 5-8　　　　　　　　　　　图 5-9

02　剪同款：将视频剪辑的步骤做到最简

　　"剪同款"是剪映 App 中的一项特色功能，它不仅提供了抖音平台中热门视频的创作模板，还免费提供了热门视频的制作教程。对于新手而言，刚开始就接触复杂的转场和特效，可能会削弱他们学习的兴趣，但是在剪映 App 中，完全不用担心这个问题。从软件的操作到视频的创作，每一步剪映 App 都有详细的视频解说，如果嫌麻烦不想看，剪映 App 还提供了大量的视频模板，只需手动添加视频或照片，就可以得到一部有特效、有卡点、有转场的完整视频，人性化的功能让你马上爱上短视频创作。

扫描看视频

搜索模板：想拍什么搜什么

　　在剪映 App 主界面中，切换到"剪同款"界面后，可以看到"关注""推荐""卡点""玩法"等众多视频模板，如图 5-10 所示。在"推荐"分类中，包含了最近抖音平台中非常热门的视频模板，可以选择任意效果创作同款，让自己的视频也能轻松上"热门"。此外，该界面还有其他不同分类，可以根据自己拍摄的视频风格来选择。

　　每种模板所需的素材数量有所不同，在模板的左下角会有标识。接下来演示如何利用模板制作同款视频。

图 5-10

STEP 01 选择一款与自己的素材数量相同的视频模板后，点击"剪同款"按钮，如图 5-11 所示。

STEP 02 添加手机相册中的视频或图片，然后点击"点击编辑"按钮调整素材尺寸，再点击"导出"按钮，视频就制作完成了，如图 5-12 和图 5-13 所示。

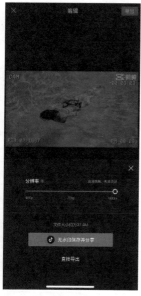

图 5-11　　　　　　　　　图 5-12　　　　　　　　　图 5-13

　　使用剪映视频模板的方法非常简单，在确定需要应用的视频模板后，点击模板视频右下角的"剪同款"按钮，进入素材选取界面，如图5-14和图5-15所示。

图 5-14

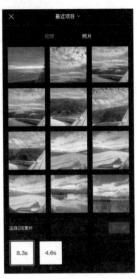

图 5-15

　　在素材选取界面底部，会提示需要选择几段素材，以及视频素材或图像素材的所需时长。在完成素材选择后，点击"下一步"按钮，等待片刻即可生成相应的视频内容，如图5-16和图5-17所示。

图 5-16

图 5-17

生成的短视频内容会自动添加模板视频中的文字、特效及背景音乐, 在编辑界面中不仅可以对视频效果进行预览, 还能对内容进行简单的编辑和修改。

在界面下方分别提供了"编辑视频"和"修改文字"选项, 在"编辑视频"选项中, 点击素材缩览图, 将弹出"拍摄""替换"和"裁剪"这 3 个选项。其中, "拍摄"和"替换"选项是用来对已添加的素材进行更改操作的选项。点击"拍摄"按钮, 将进入视频拍摄界面, 此时可以拍摄新的视频或图像素材来替换之前添加的素材; 点击"替换"按钮, 可以再次打开素材选取界面, 重新选择素材进行替换操作。

如果在预览视频时对画面的显示区域不满意, 则可以通过"裁剪"选项打开素材裁剪界面, 对画面进行裁剪, 或移动裁剪框来重新选取需要被显示的区域, 如图 5-18~ 图 5-20 所示。

| 图 5-18 | 图 5-19 | 图 5-20 |

在编辑界面中, 切换至"修改文字"选项, 可以看到底部分布的文字素材缩览图, 点击其中一个文字素材, 将弹出键盘, 此时可以选中文字内容并进行修改, 如图 5-21 和图 5-22 所示。

关注热点: 什么火爆做什么

追热点是为了让短视频得到更好的传播, 但短视频创作者也不能一味地追求热点, 不应该每个热点都追。短视频创作者应该在对自身定位和调性有深入了解的情况下, 对热点进行二次加工, 使其契合自己的调性和受众的期望, 如果一味地追热点, 会让受众对账号的认知变得模糊。

此外，每一个短视频创作者在借助新媒体的力量收获金钱和荣誉的时候，也需要考虑如何尽好一个公众人物应有的责任。这里需要注意有5种热点不能追，分别是政治敏感话题、戏谑历史人物、违背公序良俗、未经确定的负面新闻及各种谣言。

"剪同款"中的"推荐"页面是官方推荐最多人使用的视频，也可以在该分类中选择视频模板，如图5-23所示，在视频下方还可以查看该模板的使用量和点赞数，用户可以自行挑选。

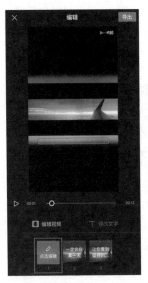

图 5-21   图 5-22   图 5-23

收藏模板：整理收藏方便下次使用

剪映会实时更新模板，有时候遇到一个喜欢的模板，下次想使用的时候却找不到了，这时就可以通过"收藏"功能收藏这些喜欢的模板，方便下次从收藏夹中调用。收藏模板的方法非常简单，首先在模板库中点开一个喜欢的视频，然后点击视频右侧的喜欢按钮♡，即可将该模板添加至"我的"界面的"喜欢"列表中，如图5-24和图5-25所示。

图 5-24

图 5-25

[03] 视频模板：利用视频模板轻松上热门

对于刚刚接触短视频，不了解视频拍摄技巧和制作方法的人来说，剪映中的"剪同款"功能可以辅助他们快速且高效地完成内容的创作。

打开剪映 App，在主界面中点击"剪同款"按钮即可跳转到模板界面，如图 5-26 所示。在界面顶部的搜索栏中输入内容后进行搜索，即可找到该类型的短视频模板，如图 5-27 所示。本节介绍几类热门视频模板的使用方法和技巧。

图 5-26

图 5-27

卡点视频：导入图像快速生成

在"卡点"分类中选择一款热门视频模板，要注意模板所需视频素材应与自己的素材数量一致。下面分步骤讲解，如何利用剪映

扫播看视频

模板制作卡点视频。

STEP 01　当找到自己喜欢的卡点视频模板后，点击视频右下角的"剪同款"按钮，如图 5-28 所示。

STEP 02　跳转至素材添加界面，按照自己所需的顺序添加相应数量的素材，如图 5-29 所示。

拓展讲解

在进入添加素材界面时，可以查看底部的提示信息，例如上述操作中的模板会提示"导入或拍摄22段素材"，这便是提示用户自行选择22段素材。

STEP 03　进入编辑界面，此时可以选择编辑视频素材或编辑文本内容。

STEP 04　完成调整操作后，点击界面右上角的"导出"按钮，如图 5-30 所示，即可将视频导出并保存至本地相册。

图 5-28　　　　　　　　　图 5-29　　　　　　　　　图 5-30

片尾关注：片尾关注一步搞定

在"剪同款"搜索栏中输入"片尾关注"关键词并进行搜索，可以看到不同款式的模板，如图 5-31 所示。选择一款片尾模板，点击界面右下角的"剪同款"按钮，根据提示导入一张图片（一般是头像图片），点击"下一步"按钮，如图 5-32 和图 5-33 所示，即

扫描看视频

可自动生成片尾关注视频，可以通过添加这种片尾效果来引导关注。

 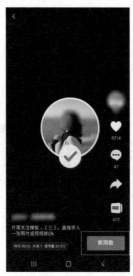 

图 5-31　　　　　　　　　图 5-32　　　　　　　　　图 5-33

Vlog 开场：学会穿越特效转场

在"剪同款"界面中选择 Vlog 类别，可以在列表中查看用来制作 Vlog 的视频模板，如图 5-34 所示。此外，也可以在顶部搜索框中输入关键词，查找相关视频模板，如图 5-35 所示。

扫描看视频

图 5-34　　　　　　　　　　　图 5-35

下面演示如何使用"剪同款"功能制作 Vlog 开场视频。

STEP 01 在模板库中找到"穿越特效"视频模板，打开视频后点击界面右下角的"剪同款"按钮，如图 5-36 所示。

STEP 02　进入素材添加界面，根据提示选择一段时长不少于 9.7 秒的视频素材，然后点击"下一步"按钮，如图 5-37 所示。

STEP 03　进入编辑界面，此时可以根据实际需求来编辑视频素材或编辑文本，如图 5-38 所示。完成操作后，点击界面右上角的"导出"按钮，即可将视频导出并保存至本地相册。

图 5-36

图 5-37

图 5-38

第6课
巧妙发布：平台规则不容小觑

许多人在完成短视频的制作后，就随意地将作品发布到平台，不再理会，导致作品反响平平，没有流量。其实发布视频是许多新手容易忽略的一件事，无论是文案、标签，还是视频包装等，都会或多或少地影响视频的转发、点赞、评论等等数据，而这些数据又关乎到视频能否上热门，能否获得更多的平台推荐。

[01] 前提技巧：上热门的五大前提要求

在创作短视频时，有 5 个要点要了解：原创、完整、无水印、高质量和随主流，这也是抖音官方所提倡的创作要求。如果希望自己的作品上热门，那么在创作视频时务必遵守这些前提和要求。

要原创：原创才能获推荐

优秀的营销和推广只能起到增加引流效率和提高变现机会的作用，最终能否持续变现，取决于视频的内容和"干货"。毫无内容的短视频即便营销得当，能够在短时间内吸引大批粉丝，但也会因为后继无力而迅速"脱粉"。

原创视频对创意的要求很高，大家在策划一部短视频的时候，往往需要花费巨大精力，因此，好的创意难找，好的内容策划更难寻。抖音短视频的原则是"内容为王"，原创内容更容易受到官方的青睐。在内容创作中，"热点型"是一种创新手段，在带有标签的抖音内容中加入自己的原创内容是制造爆款的机会，这样一来就有机会得到抖音官方的推送，获得巨大的流量扶持。

例如视频话题"Vlog 萌宠日常"，如图 6-1 和图 6-2 所示，该话题的发起者是一个宠物博主，其账号内容为宠物狗的日常视频，其他的宠物博主或普通用户在拍摄了相关萌宠内容时，可以在发布视频时带上这个标签，如果短视频内容确实不错，抖音官方就会予以推荐，增加内容曝光量。

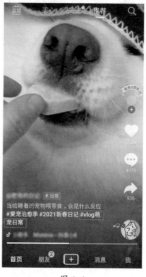

图 6-1

图 6-2

拓展讲解

短视频创作者一定要了解国家对短视频行业的相关法规及平台规则，严格做到遵守规则，不触碰红线，才能保障账号的安全运营。

拍完整：视频长度要适度

在创作时，需要保证视频的时长和完整度，短于 7 秒的视频很难得到推荐，但视频时长也不是越长越好。抖音的热门算法和视频时长没有任何关系，但是视频的长度会影响上"热门"的数据。视频时长越长，观众越没有耐心看完，导致完播率不达标，因此将视频控制在 8~15 秒才使上"热门"的概率最大。

保证视频的时长才能保证视频的可看性，内容完整才更有机会得到推荐，如果将视频内容分为上、下篇，那么除了一些大 IP，普通用户很难留住粉丝，甚至引起粉丝的反感。为了保证每段视频内容的完整性，需要重点做好两个方面的工作，一是通过前期策划，对拍摄内容进行合理规划；二是多拍几次，从中选择最优的那一条。

无水印：推广水印不可取

在抖音平台上传的视频不允许添加与平台无关的水印，并且使用其他平台的贴纸或特效也不行，虽然这种视频可以发布，但是不会被抖音平台推荐。

在制作和上传视频的过程中，都需要认真检查视频画面，防止出现水印。如果发现视频画面中带有其他水印，可以通过相关软件去除水印或打码之后再上传。

高质量：质量经得起考验

高质量既包括视频内容的质量，也包括视频画面的质量。在拍摄视频之前，策划视频内容是一项重要的工作，优质的内容会吸引更多的观众，也更容易变现。

优质内容的基本要求是画面要稳定，如果创作者不能正确地掌握一些短视频拍摄技巧，在拍摄时画面抖动幅度过大，就会造成画面质量变差，观众在观看的时候也会产生不适感。无论采用何种运镜拍摄手法，保持画面的稳定和清晰是对短视频最基本，也是最重要的要求，同时也是对观众最基本的尊重。

除了保持画面稳定，画面清晰度也同样重要。在拍摄前，提前设置好手机的分辨率和帧率，可以有效防止视频画质过于模糊，而造成观看体验变差。

随主流：多参与官方活动

许多短视频平台都提供了挑战项目，这些项目自带巨大流量，例如抖音平台推出的"话题挑战赛"。平台每天推出各种主题的热门话题和挑战活动，鼓励用户积极参加。参与话题挑战赛，就是跟拍网友们的同款视频，最后看谁拍的效果好。这样一种娱乐竞赛性质的活动，不仅可以起到很好的引导推广作用，还有机会通过参与话题的方式来引爆流量。图 6-3 所示为抖音推出的"#憋笑挑战"活动，可以看到该话题的播放量高达 82.5 亿次。

拓展讲解

　　接受挑战是上"热门"的一个小技巧，在"消息"列表中就可以看到非常多的挑战话题，选择一个自己感兴趣的挑战，然后拍摄相关视频上传即可。这些都是抖音官方筛选出来的热门挑战，如果视频内容足够精彩，上"热门"的概率会非常大。

图 6-3

02　热门技巧：什么样的内容更易成为"热门"

　　抖音上每天都有很多上"热门"的视频，仔细分析这些视频火爆的原因，它们都有一些共同的特点，那就是内容有创意、正能量、个性化等。下面就逐个分析 6 个上"热门"的创作技巧，以帮助大家让自己的视频收获更多的流量。

个性：打造人格化的 IP

　　打造个性化的 IP，其实就是立"人设"。"人设"是人物设定的简称，指的是人物展现给观众的直观形象，包括这个人物的外在形象和内在形象。例如抖音账号"多余和毛毛姐"，该账号打造的是一个戴着红色假发，说话带有浓重贵州口音的反串角色，诙谐幽默的视频风格让观众印象深刻，如图 6-4 和图 6-5 所示。

　　下面就来说一说打造"人设"对账号引流的 3 个好处。

1. 打造差异化优势

　　抖音平台中的账号类型丰富，例如搞笑类型的"疯产姐妹""若驰夫妇的日常"等，这些账号大多拍摄的是日常生活，如果想效仿此类账号，观众可能很难买账。

以抖音账号"李边请"举例，该账号的拍摄者是一个家庭中的儿子，拍摄的主人公是他的父母，创作者通过一些小游戏整蛊老爸，让观众见识到视频中爸爸的可爱之处，这也是一种"人设"的呈现。该账号目前在抖音有 75 万粉丝，不少视频都获得了百万点赞数，如图 6-6 所示。

图 6-4　　　　　　　　　图 6-5　　　　　　　　　图 6-6

2. 获取巨大流量

当"人设"深入人心，大家就会主动关注，创作者会因此获得巨大的流量。有了关注和流量，"涨粉"和变现也就更容易实现了。个人 IP 就是打造自己的"人设"，个人 IP 能够通过优质内容获取粉丝，给粉丝明确的印象与标签，让粉丝在某个垂直领域对创作者产生深刻信任，这些粉丝就是你的私域流量，可以持续进行转化，带来成交。

3. 移动的广告位

抖音的出现，使普通人也能够变为粉丝上万的网红。大家都知道，明星拥有庞大的粉丝后援会，并且他们都愿意为自己的偶像买单，为明星代言的产品买单，这就为许多商家提供了生财之道。

在抖音平台中，一些火爆的抖音账号会选择接一些广告，例如宠物号会代言狗粮，日常号会代言家居用品等，如图 6-7 和图 6-8 所示，当视频的流量越来越多之后，变现的渠道也会相应增多。

图 6-7　　　　　　　　　　　　　　图 6-8

创意：挖掘独特的创意

俗话说"高手在民间"，通过抖音平台，许多普通人得以被发掘，个人的技能和才艺得到了很好的展示，也能因此收获众多网友的喜爱。例如抖音账号"画渣不渣"，该账号发布了大量的绘画作品，但和普通的画画方式不同，该作者不会用画笔作画。在某个视频中，作者用划痕作画，最后通过光影呈现出一幅狮子的画像，如图 6-9和图 6-10 所示，这个视频的点赞数和流量都很高，在别的平台也广为传播，可以说是一个非常成功的短视频作品。

图 6-9　　　　　　　　　　　　　　图 6-10

治愈：发现生活的美好

　　生活中从不缺少美好，只是缺少发现美好的眼睛。在抖音上能看到很多记录生活的视频，展现了人和动物彼此友爱的一面，还有萌宠类视频，能够让观众感到治愈，释放工作带来的压力。图 6-11 所示，这是抖音宠物类博主发布的一个宠物视频，可爱的猫咪配上温馨的文案，让不少观众倍感亲切，这个视频获得了百万级别的点赞，观众的互动量也非常可观。

　　此外，抖音平台上还有以萌娃作为主角的账号，视频内容多为小孩说话、吃饭或学习等日常表现，如图 6-12 和图 6-13 所示，在观看这类视频时，大多会感受到小孩的天真可爱，并为之一笑，这便是生活中的美好。

图 6-11

图 6-12

图 6-13

健康：拍摄内容正能量

　　正能量是指一种健康乐观、积极向上的动力和情感，所有积极、催人奋进、给人力量、充满希望的人和事都可以称为"正能量"。抖音的宣传标语是"记录美好生活"，健康、正能量的内容是创造美好生活的基本条件，大家可以多拍摄此类内容，通过剧情传播生活中的正能量、小举动，以达到鼓舞人心的作用。

　　曾经在抖音平台上有一条很火爆的视频，视频内容是博主在炎热的夏天给环卫工人送水，视频内容很简单，没有任何拍摄技巧可言，只是凭借博主的爱心和真情打动了观众，让观众产生同情心，并感受到了人情温暖，便纷纷为其点赞、转发。抖音账号"小亚正能量"也是一位宣扬正能量的博主，如图 6-14 所示，该账号记录的是一些生活贫苦的卖菜老人，这些老人经常为了多卖出一点菜从早干到晚，博主通过视频记录的方式增加了他们的曝光量，并向观众传递了正能量。

反转：拍摄反转的剧情

大家在观看视频或电影时会发现，出人意料的结局往往使人为之一振，反转的剧情更容易抓住观众的眼球。因此，在策划拍摄内容时，要打破惯性思维，利用合适的剧情节奏来吸引观众，增加视频的播放量。

反转剧情主要是通过"意想不到"的方式来吸引观众的，视频开始时顺理成章，让人误以为是传统结局，最后一刻剧情反转，让观众措手不及。俗话说得好"剧情不够，反转来凑"，无论是电影、电视剧还是短视频，跌宕起伏的剧情更容易吸引观众的注意力。例如图 6-15 所示的视频，其文案中就带有"反转"两个字，提前将剧情告诉观众，让观众带着"如何反转"的好奇心将视频看完，不仅在第一时间留住了观众，还能增加视频的完播率。

图 6-14

图 6-15

话题：紧贴官方热点话题

抖音经常推出不同的话题挑战，用户要积极参与这些官方活动，在发布视频时带上活动标签，只要视频内容符合规范，平台都会给予一定的流量，增加作品及相关账号的曝光率，并以此来吸引更多人的点赞和关注。例如抖音话题"见女友的小tips"，该话题已经超过1200万次播放，这类视频甚至都不用露脸，就能获得巨大流量，如图 6-16 和图 6-17 所示。

图 6-16   图 6-17

　　大家在上传视频时，一定要记得在发布页面添加话题，如图 6-18 所示，点击"#添加话题"按钮，在添加话题的时候，一般会添加与作品同领域的话题。例如音乐类的作品，就添加与音乐相关的话题，输入"音乐"之后页面将出现很多与音乐相关的话题，并显示话题的播放量，如图 6-19 所示，一般建议选择播放量最高的话题。

图 6-18   图 6-19

拓展讲解

　　添加相同领域的话题，能够让抖音快速识别到你想要推送的领域，抖音会把该作品推荐给喜欢这个话题的观众。细心的朋友就会发现，当你给一个话题的视频点赞之后，抖音推送机制就会陆续给你推荐同一个话题的其他爆款作品。所以，大家在发布视频时千万不要忘了添加话题，这可能就是一个火爆的机会。

[03] 内容变现：多种方式找准定位

　　短视频行业瞬息万变，但变现始终是视频创作者关心的核心问题。如今，抖音、快手、西瓜视频、今日头条、大鱼号等平台，纷纷推出丰厚的补贴政策、流量扶持和商业变现计划，抢夺着优质的短视频资源。但对于许多短视频团队来说，单靠平台补贴是远远不够的，更多的还要从广告、电商等方面入手。

　　本节就为大家介绍几种目前比较主流的短视频变现模式，包括广告变现、电商变现、粉丝变现和特色变现等。

广告变现：个人玩家的变现方式

　　随着短视频的快速发展，众多商家萌生了以短视频形式进行产品推广的想法，争先恐后地涌入短视频领域，纷纷进行广告投放。商家涌入短视频广告市场，给运营者和平台带来了不少利润，对于运营者来说，此时应当把握时机，率先通过创意性广告，让观众更容易接受广告的内容，同时提高短视频广告的变现效率。这也是比较适合新手的一种视频变现方式。

　　短视频的广告大致可以分为以下3种。

1. 贴片广告

　　贴片广告一般会出现在视频的片头或片尾，是随着短视频的播放加入的一个专门制作的广告，主要为了展现品牌本身，如图 6-20 所示。这类广告通常与视频本身内容无关，突然出现往往让观众感到突兀和生硬，如果贴片广告处理得不够巧妙，很容易让观众产生抗拒心理。

2. 浮窗Logo

　　浮窗 Logo 通常是指短视频播放时出现在边角位置的品牌 Logo。例如，知名美食视频博主李子柒，她一般会在视频的右下角加上特有的水印，如图 6-21 所示，这不仅能防止视频被盗用，同时 Logo 还滋生了一定的商业价值。观众在观看视频的同时，不经意间瞟到角落的 Logo，久而久之便会对品牌产生记忆。

图 6-20

图 6-21

3.内容中的创意软植入

即广告和内容相结合，成为内容本身。最好的方式就是将品牌融入短视频场景，如果产品和广告结合巧妙，那么观众在观看视频的同时会很自然地接纳产品。这类广告不像前两种广告那么生硬，但分红也是比较客观的。

在很多短视频中，经常可以看到创作者在传递主题内容的同时，自然而然地提及某个品牌，或者拿出一件产品，如图6-22所示。如果这样的广告植入自然且幽默，其实是观众挺喜闻乐见的一种形式，大都愿意为喜爱的博主产生购买行为。

图 6-22

对于品牌商家来说，这种广告形式的成本比传统的竞标式电视、电影广告划算，短视频行业流量可观，用户消费水平高。对于有一定粉丝基础的短视频创作者来说，有想法、有创意、有粉丝愿意买单，一旦产生了可观的利润，自然会引得商家纷纷投来合作的"橄榄枝"。

电商变现：商家首选的变现方式

在短视频浪潮的推动下，电商已经成为当前短视频行业的热门趋势，越来越多的企业、个人通过发布自己的原创内容，并凭借基数庞大的粉丝群构建起了自己的营利体系，电商逐渐成为探索商业模式过程中的一个重要选择。

电商变现是指通过视频创作者发布的短视频，为一些店铺进行推广营销，从而获得一部分盈利。这些店铺可以是自营电商，也可以以"淘宝客"的形式进行，甚至是用自我IP形象去宣传，获得相应的收益。

1.自营电商

自营电商符合自我品牌诉求和消费者所需要的采购标准，引入、管理和销售各类品牌的商品，以众多可靠品牌为支撑点，凸显自身品牌的可靠性。自营电商的优点是针对自身的精准用户提供商品，盈利也相对会更多一些。

2.淘宝客

"淘宝客"是按成交计费的推广模式展开的，只要从淘宝客推广专区获取商品代码，买家就可以通过淘宝客的个人网站、微博或者发出的商品链接进入淘宝店铺。购买成功后，淘宝客即可得到由卖家支付的佣金。这类变现方式相对来说比较简单，适合一些小团队或个人。

知识付费：专业达人的付费课程

"知识付费"主要是指通过付费课程来营利，这也是粉丝变现的典型模式。知识付费的变现模式主要被一些能提供专业技能的运营者所使用，运营者以视频的形式帮助观众提高专业技能，观众向运营者支付费用。2020年2月3日，抖音正式支持观众售卖付费课程。根据此前数据平台"新抖"对2020年2月点赞排名前100的抖音卖课视频进行统计，可以得知线上受欢迎、销量好的视频有如下特点。

- ※　场景学习：以视频的形式还原知识应用场景，让观众了解学习课程的必要性。
- ※　低门槛：获赞率较高的卖课视频时长通常在1分钟以内，观看门槛低，大部分课程都针对零基础用户。对于视频创作者来说，在降低理解门槛的同时，还需要让观众在看完后觉得有所收获，愿意进一步购买付费课程。
- ※　价格合理：低价让观众购买门槛更低，让观众产生"用最少的钱买最有用的知识"这种想法，合理的价格有利于销量增长。
- ※　课程实用性：大部分"高赞"卖课视频关联的付费课程都比较实用，对于一些零基础观众来说，技能知识做到"简单易上手且实用"才会激发购买欲。因此，课程的包装不宜太专业化，强调课程的实用性才是最重要的。

让观众接受付费课程并非一件容易的事情。作为运营者首先要确保观众能从视频中学到知识，可以尝试着为培训课程制定一套完整的体系，为观众阶段性地进行讲解；也可以针对观众的某一需求和难题给出解决方案，有针对性地为观众提供帮助。

直播变现：抖音网红的流量变现

直播是最近开始火爆的一种新型娱乐方式，很多企业就利用这种新颖的形式来变现，并提升企业销售额。直播变现有多种形式，如直播带货、直播打赏等，下面逐一进行介绍。

1. 直播带货

短视频直播带货是短视频电商变现的另一种模式，主要是以直播为媒介，将黏度较高的粉丝吸引进直播间，通过面对面直播的方式推荐产品，引导观众产生购买行为，商家和主播因此获取收益。

以抖音直播间为例，主播在右下角放置商品链接，观众在点击商品链接后可以跳转至相关页面进行购买，如图 6-23 和图 6-24 所示。在开通平台电商功能之前，最好提前了解平台的相关准则及入驻要求，避免产生违规交易及操作。

图 6-23

图 6-24

2.直播打赏

直播打赏功能是网络直播的主要变现手段之一，直播带来的丰厚经济效益也是吸引众多视频运营者转入直播的原因。

许多短视频平台都具备直播功能，运营者通过开通直播功能可以与粉丝进行实时互动，除了要积攒人气，平台的打赏功能也为那些刚入门的运营者提供了能够坚持下去的动力。当前短视频的变现方式主要集中在直播和电商两个层面，一些运营者的短视频质量很高，但是不擅长直播，也没有相应的推广品牌，这样就容易造成变现困难的局面，而打赏功能在一定程度上可以缓解这一难题。图 6-25 和图 6-26 所示为抖音推出的直播礼物及直播打赏界面。

图 6-25　　　　　　　　　　　图 6-26

从运营者的角度来看，抖音平台收获的抖币可以在直播完成后通过提现的方式来实现转换，这样就达到了通过直播变现的目的。许多短视频运营者通过平台打赏功能获得了相当可观的收入，足不出户就可以通过展示才艺获得丰厚的收入。

粉丝打赏一般分为两种情况，第一种是粉丝对运营者直播的内容感兴趣，第二种是对运营者传达的价值观表示认同。打赏作为变现的一种形式，在一定程度上凸显出粉丝经济的惊人力量。对于短视频运营者来说，想要获得更多的打赏金额，还是应该从直播内容出发，为账号树立良好口碑，尽量满足粉丝需求，多与粉丝进行互动交流，才能实现人气的持续增长。

星图平台：商单交易的独立平台

星图平台是抖音官方推出的接单平台，与微博微任务及快手快接单功能类似，平台集智能交易与管理为一身，主要功能是为品牌主、MCN 公司和明星 / 达人们提供广告任务，撮合服务并从中收取分成或附加费用。图 6-27 所示为星图平台官网首页，下面介绍星图平台的使用方法和功能，帮助大家更好地运营抖音。

图 6-27

1. 怎样入驻星图

星图目前有 3 个入口：达人、MCN 机构及广告主入口。达人只要开通抖音、抖音火山版、西瓜视频、今日头条这 4 个平台的账号，符合对应平台资质门槛及星图入驻要求，即可申请入驻。需要注意的是，每个平台都有单独的星图，不可以跨平台使用。

达人入驻星图设有门槛，抖音达人入驻时，粉丝数量需要在 10 万以上；西瓜视频和火山视频的达人入驻时，粉丝数需要在 5 万以上。达人也可以通过和 MCN 签约入驻，成为 MCN 签约达人。

MCN 机构入驻的门槛有两个，一是成立时间超过一年，不足一年但达人资源丰富且内容独特的，可申请单独特批；二是公司必须有合法资质，机构旗下达人不少于 5 人，有一定粉丝量和服务运营能力。

2. 星图平台的功能

星图平台可以实现订单交易、达人管理、项目分析、任务报价、数据服务等功能，在官方平台保障的基础上，实现内容交易过程中各方的对接与沟通。

星图平台会根据近期抖音火爆的视频主题和达人进行智能定位，提供达人资料及粉丝数据，并智能整合各类达人所擅长拍摄短视频的类别，方便客户根据需求更快地选择代言人。抖音平台希望通过星图平台的建立来更好地保障多方权益，实现用户、明星 / 达人、MCN 和品牌方的价值共创。

3. 星图平台有何好处

抖音短视频巨大的流量池为星图平台吸引优质客户提供了重要基础，平台的独有特点也为星图平台自身发展提供了有利条件。

MCN 公司或达人满足一定条件，并通过身份、账号名称等信息审查后，可以在平台中接单。创作的视频将由星图平台的专业团队审核与把控，为保障内容的优质度与高效触达，星图平台从创作者到创作全程层层把关。星图平台还将在交易全程提供创意诊断与优化服务，保障在持续输出原生、优质视频的同时，最大化提升抖音平台的用户体验。

商品橱窗：增加产品变现的概率

抖音商品橱窗，顾名思义就是抖音平台中用于展示商品的一个界面，或者说是一个集中展现商品的功能。如今，许多短视频平台都推出了"边看边买"的功能，观众在观看视频时，对应商品的链接将会显示在短视频下方，通过点击该链接，可以跳转至电商平台进行购买。

以抖音为例，该平台上线了"商品分享"功能，通过在视频左下角放置购买链接，在点击商品链接后便会出现商品推荐信息，点击"去淘宝看看"按钮，可以跳转至淘宝页面进行购买，如图 6-28~ 图 6-30 所示。

图 6-28   图 6-29   图 6-30

抖音小店：商家卖货的又一渠道

抖音小店是抖音平台研发推出的线上商店，支持在抖音上完成"下单—支付—发货"，如图 6-31 和图 6-32 所示，当点开商品链接后，点击"立即购买"按钮，即可直接跳转至付款界面进行购买。

图 6-31

图 6-32

　　　抖音小店无须跳转链接到其他平台，在抖音内部就能完成交易，大幅提高了运营者的商品成交率。大家会发现，抖音小店和商品橱窗的相似度很高，两者虽然都是抖音上的卖货渠道，但是抖音小店是店铺，和淘宝店铺性质相同，商品橱窗只是淘宝的跳转链接。橱窗添加的是第三方店铺的商品，抖音小店的商品是创作者自己的产品。

流量变现：流量红利的直观体现

　　使自己的变现方式与众不同，有效地将自己的流量转化为实在的收益，成为运营者成功变现的决定性因素之一。除了上述的一些常规变现方法，大家还可以尝试从短视频平台提供的条件入手，寻求变现新方向。

　　1.渠道分成

　　对于运营者来说，渠道分成是运营初期最直接的变现手段，选取合适的渠道分成模式可以快速积累所需资金，从而为后期其他短视频的制作与运营提供便利。

　　2.签约独播

　　如今网络上各大短视频平台层出不穷，为了获得更强的市场竞争力，很多平台纷纷开始与运营者签约独播。与平台签约独播是实现短视频变现的一种快捷方式，但这种方式比较适合运营成熟、粉丝众多的运营者，因为对于新人来说，想要获得平台青睐，得到签约收益是一件不容易的事。

3.活动奖励

为了提高用户活跃度，一些短视频平台会设置一些奖励活动，运营者完成活动任务便可以获得相应的虚拟货币或专属礼物。图 6-33 和图 6-34 所示为抖音推出的"百万开麦"活动。

图 6-33

图 6-34

IP 变现：内容变现的最佳方式

知识产权是指作者通过自身才智创造所产生的专利权、商标权、著作权、版权等，可以是一首歌，一部网络小说、话剧，或者是某个人物形象，甚至只是一个名字、短语、符号、共同特征的群体、自带流量的内容等。

在互联网领域，IP 已经被拓展引申为拥有知名度、具备一定市场价值、有潜在变现能力的事物。短视频创作者或者团队孵化 IP 是未来寻求商业变现的必经之路。

下面介绍 IP 变现常见的 5 种方式。

1.带货变现

带货变现是网红和网红级企业家的主要变现方式，比较有代表性的网红有李佳琦、薇娅等，网红企业家有雷军、罗永浩等。

2.社群变现

当 IP 有了一定的价值之后，受众也会增加，这时就可以利用社群进行变现。例如 PPT 达人"秋叶大叔"通过分享 PPT、时间管理发展社群会员；微商教父龚文祥通过发展会员进行变现等。

3. 课程变现

教育类的 IP 还可以通过开设课程来变现，例如抖音账号"破点思维教育"，在此账号的商品橱窗页展示了一些关于店铺如何营销引流的课程，如图 6-35 和图 6-36 所示。

图 6-35　　　　　　　　　　　　　　图 6-36

4. 图书变现

有一些个人 IP 会通过出书的方式进行 IP 变现，例如经济学教授薛兆丰、大学教授戴建业等，如图 6-37 和图 6-38 所示。

图 6-37　　　　　　　　　　　　　　图 6-38

5.广告变现

广告变现的方式多种多样，有平台广告分成、打赏及广告商广告投放等。广告变现的方式在抖音上非常常见，如图 6-39 所示，视频左下角带有"视频同款"字样的就是广告。

图 6-39

品牌营销：

解决中小企

业营销难题

品牌营销是通过市场营销，使客户形成对企业品牌和产品的认知过程，是企业要想不断获得和保持竞争优势，必须构建的高品位营销理念。

高级的营销不是建立庞大的营销网络，而是利用品牌符号，把无形的营销网络铺建到社会公众的心里，把产品输送到消费者心里。使消费者选择消费时认同这个产品，投资商选择合作时认同这个企业，这就是品牌营销。

[01]　企业福利：快速了解抖音企业号

抖音企业号为企业提供一个全新的营销渠道，但它并非是对微信、微博等现有营销渠道的颠覆，而是一种有益补充。抖音存在独特的平台基因，抖音用户也和其他平台用户存在一定差异，所以利用抖音企业号进行营销推广，不能简单地模仿或复制微博、微信的营销手法，而是要创新求变，精准对接用户个性化需求。在一批领先企业的积极探索下，基于抖音企业号的营销体系出现雏形。

什么是企业号

抖音企业机构认证是抖音针对企业诉求提供的"内容＋营销"服务，为企业提供了免费的内容分发和商业营销服务。企业号主要分为两种，以企业组织来认证的账号，就是常说的企业号；第二种是机构号，机构号主要针对媒体机构。两者在外观形态没有太大差异，一般来说，大部分品牌企业做抖音号会选择认证为企业号。

企业号本身具有独特的权益，是企业商户在抖音平台的经营阵地，能够帮助企业面向抖音海量用户"打品牌，找客户，做推广，带销量"，帮助商家做好生意。在当今短视频的发展营销趋势下，抖音已经成为企业进行营销的主要阵地。

> **拓展讲解**
>
> 如果一个账号经常性地发布一些营销内容，很可能会被广告评级为营销账户，该账户的流量将会受到影响，但是当该账户认证为企业号之后，发布的内容将不会受到影响，平台会给予正常流量。

开通企业号可享有的功能特权

开通抖音企业号对于品牌营销是有帮助的，除了可以获得抖音官方的后台权益和流量采买渠道，还可以保护品牌，防止盗版、仿版等假冒产品。下面具体介绍抖音企业号享有的特权。

1.昵称特权

企业号不能认证相同的企业昵称，在完成认证后，用户在搜索企业昵称时，企业账户能够置顶在其他没有认证的普通账号上，这就给予了账号更多曝光机会，如图 7-1 所示。

2.认证标识

企业昵称下方会展示蓝 V 标识，同时出现认证信息，例如某某市某某企业，如图 7-2 所示，比普通账号更加官方、可信。

图 7-1

图 7-2

3. 网站链接和电话组件

在展示页，企业号支持官网 H5 链接和头条建站链接，售卖网站支持京东、天猫、淘宝企业店铺。组件电话支持手机号、座机号和 400 号段电话号码，在主页可以一键跳转拨号，如图 7-3 和图 7-4 所示。

图 7-3

图 7-4

4. 视频内容置顶

在企业号的主页，可以选择将视频置顶，提高重点视频内容的曝光量，目前最多可以置顶 3 个视频，如图 7-5 所示。

5. 数据分析

开通企业号可以获得运营数据的分析报告，会分别从主页数据监测、视频数据监测及用户画像分析这3方面进行用户监测。普通用户只能借助第三方工具获取数据分析，而且第三方所获取的数据并没有抖音官网给出的数据精准。

6. POI地址认领

　　POI地址认领，能够让企业在抖音主页展示企业店铺信息，例如相应的菜单，还有门店地址、门店电话等信息，能够让用户直接在抖音上呼出企业电话，为企业提供更加直接的信息曝光及流量转化。目前一个企业可以认领一个POI地址，而且一个POI地址仅能被一个企业认领，如图7-6所示。

图 7-5

图 7-6

7. 私信管理

　　企业号运营人员可以通过PC端直接回复抖音私信，或者自定义内容进行自动回复，以减少运营工作量，避免因回复不及时造成用户流失，从而有效提升沟通效率。

8. 同步认证

　　在完成抖音企业号认证后，今日头条、抖音火山视频会同步认证，如图7-7~图7-9所示，这样可以帮助企业传递业务信息，建立用户互动关系。

图 7-7

图 7-8

图 7-9

9.DOU+功能

抖音的 DOU+ 功能可以为视频提供流量，主要是用户通过付费的方式推广自己的视频，如图 7-10 所示，完成付费后，抖音平台会将视频精准推荐给相关喜好的观众，以此来提高视频的播放量、点赞量等。

图 7-10

10.活动卡券

认证企业号后，商家能够在线发布自己的活动卡券，用户线上领取后可以在线下核销，大幅增加了产品销量，提升了转化率。账号认证为企业号后，可以在个人界面设置优惠券，如图 7-11~ 图 7-17 所示。

图 7-11

图 7-12

图 7-13

图 7-14

图 7-15

图 7-16

图 7-17

　　完成设置后，用户在抖音搜索该店铺时，即可领取优惠券，优惠券将出现在账号的"卡券"位置，可用于线下店铺核销，如图 7-18 和图 7-19 所示。

拓展讲解

　　设置完成后，可以根据个人意愿对优惠券进行修改和下线。

图 7-18   图 7-19

11. 商品橱窗功能

商品橱窗功能一般适用于已开通淘宝店铺的企业号，能够更加直观地展示自己的商品并增加销量，如图 7-20 和图 7-21 所示。

图 7-20

图 7-21

12.团购活动

团购活动可以帮助抖音商家将自己的产品或服务以优惠组合的形式呈现，然后在抖音平台进行售卖，用户购买后可以在线下店铺核销，偏实物类的商品也支持第三方跑腿、快递等服务配送到家。团购活动需要在抖音门店中开通，如图 7-22 所示。

拓展讲解

团购活动创建简单、无门槛、免佣金，商家可以将团购活动添加到视频内，观众在浏览视频时可以看到团购活动，实现边看边买。

图 7-22

企业号的使用准则

在运营企业号前，需要对企业号的规则有一定的了解，同时要对账号做好整体运营规划。

首先对账号进行规划，对账号的曝光、口碑、转化要有一定的营销目标，然后解决企业号的内容，最后是确定营销规划。有了营销目标和内容后，就该考虑怎样将内容投放在抖音上，并取得更好的传播效果。

在做抖音企业号规划之前，需要明确一个概念——人格化。人格化是企业号运营中非常关键的一步，因为人格化的内容可以有效地实现企业未来的营销目标，是有效实现内容形态及进行有效传播的核心部分。

企业号的特点与价值

抖音企业号的核心价值主要体现在以下两个方面。

1.建立品牌企业在短视频平台上的用户资产

一般来说，许多品牌企业在进行短视频营销时，只是一次性投放，视频传播之后只能留下曝光数据。但有了企业号这种载体之后，就可以把通过曝光带来的用户数据真正地沉淀下来，成为自己的品牌企业粉丝，积累的粉丝越多，做营销的成本越低。

抖音企业号相当于企业的门面，要打造好企业的形象，无论是做个人号还是企业号都应该把垂直度建立好，除了要释放最有价值的内容，还应该注重垂直度的打造。

2. 沟通年轻用户

抖音用户大部分都是年轻人，60%~70% 的用户为 "95 后" 或 "00 后"，这些人是未来重要的消费群体。这将会成为企业进行营销的一个非常重要的阵地，另外，通过与年轻用户接触，可以更有效地找到他们的喜好，为品牌企业的转型和营销提供非常好的营销方案。

[02]　账号认证：增强品牌的权威性

抖音蓝 V 认证是抖音官方面向企业提供的一项服务，可以帮助企业进行内容分发和营销推广，为企业开启商机，打造广袤的营销空间。

申请蓝 V：快速认证企业号

目前认证抖音企业号有两个方法，一种是商家自助认证，通过抖音认证官网或者抖音客户端提交申请；另一种是寻找专业认证团队协助认证。

无论是选择商家自行认证还是寻找认证团队认证，官方都需要收取一定数额的审核费用，这两个方法的不同之处在于，大部分认证团队不会收取任何费用，因为他们熟悉官方认证资料流程，能更高效地帮助商家完成认证。

下面介绍自主提交认证的两种方式。

1. 手机端提交认证

在手机端认证企业号时，首先需要打开抖音 App，点击 "我" 按钮，然后点击右上角的菜单按钮，再选择 "设置" | "账户与安全" 选项，如图 7-23~ 图 7-25 所示。

接着，选择 "申请官方认证" | "企业认证" | "开始认证" 选项，按照步骤提示提交资料即可，如图 7-26~ 图 7-28 所示。

2. 计算机端提交认证

在计算机端认证时，首先需要在计算机的浏览器中搜索抖音官网，进入官网后，单击右上角的 "立即认证" 按钮，登录个人账户后，就可以开始认证了，根据步骤提示进行操作即可，如图 7-29 和图 7-30 所示。

图 7-23

图 7-24

图 7-25

图 7-26

图 7-27

图 7-28

图 7-29

图 7-30

企业号认证的注意事项

在认证抖音企业号时，需要注意一些事项，否则会造成认证不成功或视频限流等得不偿失的情况。在认证前，务必仔细阅读《企业认证审核标准》，特别是不支持认证的行业，不要提交认证申请，如有不支持认证的行业提交申请，或者提交的资质存在无效、不实等情形，以及申请认证的账号信息不符合平台要求，将做认证失败或不予通过处理，认证失败或不予通过的，不退还审核服务费用。

1.账号信息

账号信息包括昵称、头像、签名、认证信息等，下面进行具体介绍。

（1）昵称。

抖音对昵称的要求比较严格，主要有以下几个需要特别注意的地方。

※　抖音昵称应为基于公司或品牌名或产品的全称且无歧义简称，谨慎使用简称，如"小米"应为"小米公司"，Keep 应为"Keep 健身"，易混淆类词汇必须添加后缀。具体业务部门或分公司不得使用简称，如"美的电饭锅"不得申请"美的"。

※　不得以个人化昵称来认证企业账号，如 xx 公司董事长、xx 公司 CEO、xx 小编等；或系统默认无意义昵称，如"手机用户 123"、abcd、23333 等；涉及名人引用但无相关授权的无法通过审核。

※　抖音昵称不允许重名，企业认证采取先到先得的原则，但也不支持恶意抢注，需要提供能够支持昵称内容的所有相关资质。分公司或分产品线的账号不

建议以总公司昵称入驻，以免影响后续总公司的注册。

※　如体现特定内容，需要结合认证信息及其他扩展资料判定。涉及应用类，提供计算机软件代码著作权（简称"软著"）；涉及网站，提供 ICP 截图；涉及品牌及商标，提供商标注册证。举例说明，例如"下厨房 App"，需要提供"软著"；"雅诗兰黛"，需要提供商标注册证明。

※　昵称宽泛的不予通过，拟人化宽泛，如"小神童"；范围宽泛，如"学英语"；地域性宽泛，如"日本旅游"。用户品牌名、产品名、商标名涉及常识性词语，如"海洋之心"，必须添加后缀，如 xx App、xx 网站、xx 软件等，否则无法通过审核。

※　昵称中不得包含"最""第一"等用词，《中华人民共和国广告法》规定：虚假欺骗、引诱类词汇不允许出现，易造成用户混淆、误认的内容不允许出现；昵称中不得散布类似的商业招揽信息、过度营销信息及垃圾信息。

※　昵称不得仿冒官方或疑似官方，如 xx 头条、抖音推荐、抖友/段友、火山精选抖商等内容。

（2）头像与签名。

抖音头像应与公司、品牌或产品有一定关联性，且不侵犯其他品牌或第三方的合法权益。不得使用空白头像或系统默认头像，不得使用违反平台规范的头像。

抖音签名应与公司、品牌或产品有一定的关联性，不得出现联系方式或其他社交网络平台的信息，不得出现营销信息。

（3）背景图。

不得出现违法、违规或违背社会公序良俗的内容，不得散布商业招揽类信息、过度营销信息及垃圾信息。

（4）认证信息。

※　抖音企业号认证信息不应超过 16 个字。

※　企业号为公司本身申请，需要与营业执照上的企业主体名称一致，例如，广州 xxx 信息科技有限公司、xx（杭州）网络有限公司。

※　企业号为公司自有品牌申请，形式应为"品牌名全称＋官方账号"，例如，xxx 官方账号。

※　企业号为公司代理品牌申请，形式应为"品牌名全称＋区域＋官方账号"，例如，xxx 北京官方账号。

拓展讲解

体现商标、游戏、应用、网站、代言信息，需要提供对应资质或授权，如品牌无法提供相应资质，认证信息则为营业执照的企业主体名称。

2.证照上传

在证照上传时需要注意，营业执照应为彩色扫描件，营业执照各字段及印章要保证完整且清晰，目前只支持在中国大陆工商局或市场监督管理局登记的企业。认证申请公函内容填写要完整，加盖公章的彩色扫描件，不支持使用财务章、合同章、人事章。

3.行业准入

公司名称、经营范围、企业号账号信息涉及以下内容的，不予通过企业认证：涉军涉政、违法违规类、危险物品类、医疗健康类、赌博类、两性类、封建迷信类、招商加盟类、手工加工类、文化艺术收藏品类、高危安防设备类、侵犯他人隐私的器材、微商、山寨品牌、代购等。

抖音企业号认证时需要注意，以下几个行业禁入。

※　医疗健康行业（包括但不限于医院、OTC 药物、医疗器械、保健品、中药材等）
禁入。

※　金融行业，传统金融（包括但不限于信托、私募等）禁入，"一行三会"
会员企业准入；互联网金融（包括但不限于虚拟币、网贷、P2P 等）禁入。

※　烟草行业（包括但不限于烟草制品、电子烟、雪茄等）禁入。

拓展讲解

用户申请财经、法律相关分类的企业账号时，企业营业执照经营范围必须包括财经、法律类服务，否则将不予通过。抖音账号发布过违法、违规内容、违反社区规则或已被封杀冻结的账号，暂不支持申请企业认证。

[03]　内容定位：浅析企业短视频的策划技巧

随着抖音平台的崛起，一些企业将其视为新型营销利器，并通过短视频营销取得了不错的营销效果，但也有部分企业的营销效果差强人意。抖音是一个短视频平台，在抖音做企业号一定要提前策划短视频内容并做好账号定位，同时还要学会利用话题来增加视频的曝光量。

个人短视频与企业短视频的区别

很多人分不清个人短视频与企业短视频的区别，认为都是拍视频打广告，没有什么不同。其实相较于个人号来说，企业号要更加严肃、正经，毕竟代表的是企业形象，在与粉丝互动、评论点赞时也要时刻注意言语用词，否则会让观众对品牌产生不好的印象。而个人短视频的自由程度更高，可以发布自己感兴趣的内容，评论和点赞也会相对自由一些。

除上述内容，个人短视频与企业短视频的区别还体现在以下几个方面。

1.认证主体不同

抖音个人号认证主体是利用个人身份证进行实名认证的，不需要额外收费。开通商品橱窗、开直播时，都需要率先完成实名认证，认证时使用个人身份证进行认证即可。

抖音企业号运营的认证主体是公司或个体工商户，以企业身份运营抖音，需要收取一定费用。进行企业号认证时，需要提交公司或者个体工商户的相关资料，开通抖音小店、认证蓝V等需要完成企业认证。

2.附加功能不同

抖音个人号没有附加功能，具备直播、开通商品橱窗等基本功能。相对而言，企业号的附加功能较多，包括蓝V标识、全昵称搜索置顶显示、个人主页可以展示企业信息、添加官网链接、添加电话号、添加商品单页、开通抖音小店等，这些功能都是针对商家推出的推广型功能，必须要认证企业号之后才能享受，如图7-31和图7-32所示分别为抖音个人号与企业号的主页。

图 7-31

图 7-32

3.运营身份不同

抖音个人号主要是以个人身份进行运营的，账号的命名、头像、作品等都是基于个人的定位。个人账号的名称不能使用某某公司、某某企业等。

抖音企业号主要是以企业的身份运营账号，账号的命名、头像和作品等都代表着企业的形象，需要企业认真设置。

策划企业短视频的一般流程

抖音企业号与个人号不同，面向的群体也不同，所以在策划短视频内容时需要格外严谨，维护企业形象很重要。在策划企业短视频前，需要提前了解策划的一般流程，具体如下。

1.确定目标

做企业短视频的目的都是通过视频来赚钱，所以做账号前必须先确定目标，例如获得多少曝光量、粉丝数、产品销量等。卖货为主的账号和曝光为主的账号，短视频的内容是不同的，想要增加产品销量，就必须对品牌特点、产品优势、受众等进行深入了解。

2.确定人设

虽然做短视频最重要的是内容，但也需要提前打造账号的人设，也就是规划账号的受众人群、定位，以及传递给观众的观点和带给用户的体验等。

打造人设时需要了解企业产品，理清账号的变现方式、制定短期目标，并对全网的竞品进行分析。特别是企业账号，先花一段时间认真研究前期的账号设定、内容方式和运营方式，这样后期变现更快，不要认证之后就开始盲目发布视频。

3.制定内容策略

确定好人设之后，需要制订内容策略。例如某个账号的人设是公司老板，平时与员工打成一片，相互协作，这时就可以以办公室为蓝本，以轻松且幽默的方式记录员工在工作时间的忙碌、休息时间的活动等，让观众感觉到欢乐，产生也想加入这个集体的想法。

在发布视频的时候，记得带上公司品牌或地址，让观众在观看视频时记住这个品牌，久而久之，企业号的传播率将会越来越高。

4.制定运营策略

运营策略主要是指，在账号运营的阶段，观察数据的表现及观众反馈情况，为其制作一系列的推广与活动策划。举一个例子，当视频发布后，若完播率大于30%，这个视频就可以被抖音判定为有机会上"热门"，这时可以采取的策略是投放 DOU+ 功能，让视频获得更高的播放量。

当账号进行到了一定阶段需要进行专场直播时，就需要根据产品性质、直播时间等，策划一系列的直播脚本。在一般情况下，一场专场直播需要投入 3 人，一个主播和两个"场助"，这样能更好地完成直播的工作内容。

策划企业短视频需要的细节

在策划企业短视频时，首先要对短视频进行内容定位，例如开箱视频、剧情视频、日常类视频等。在拍摄企业短视频的时候，一定要记得与淘宝电商视频区分开来，不要专注于介绍产品而忽略观众的感受。企业要更多地考虑怎样才能通过短视频增加商品的亮点，让观众产生兴趣，并因此产生购买的欲望。

在策划企业短视频时，需要注意以下 4 个细节。

1.感染力

视频内容一定要具有感染力，无论是搞笑、煽情，还是愤怒，视频内容要能够触动观众（买家）的内心，让观众产生共鸣，增加记忆点。例如美食类的视频，就可以加拍一些吃东西的镜头，这样可以增强观众的代入感和满足感。

2.差异化

拍摄企业号产品视频时，要体现出同类产品的差异化，放大自身产品的亮点，让观众产生尝试的想法才是主要目的。例如服装品牌，一样的碎花连衣裙，但是在设计上有所不同，在拍摄时就多拍摄几个特写镜头，放大不同之处让观众眼前一亮。

3.包容力

企业号的视频内容要具备包容力和敏感性，既要有一定的深度，传输深刻的价值观，也要经得起推敲，让观众回味无穷。打造企业账号不仅要对相似品牌有包容性，也要对其他品牌有包容力。

4.溢价能力

视频内容需要提升品牌的溢价能力，通过剧情提升品牌的更多可能性，能够让品牌在同类产品中卖出更高的价格，并让观众自愿为产品买单。

04　营销技巧：快速建立自己的品牌影响力

短视频运营是一个新兴职业，是指在抖音、快手等短视频平台进行宣传、推广及营销的一系列活动的专业人员。运营者通过策划优质视频内容向观众精准传达产品、活动等信息，扩大宣传范围，促进营销，从而达到销售目的。

企业品牌营销的一般步骤

品牌营销是通过企业频繁的市场营销推广，让消费者认知、熟悉、认可、信任企业品牌和企业产品，并达到满意的过程。从企业品牌长远的发展角度来看，企业若想长期处于竞争优势地位，就必须要做好品牌的宣传与推广。

1.养号

很多人在刚运营账号的时候就直接发布视频，结果播放量只有几十，点赞和评论数更是零星几个。这里要提醒大家，在注册一个新抖音号之后，不要更改账号资料，直接开始"刷"与自己账号定位相关的视频，多点赞和评论，这就是"养号"。养号 3~5 天即可，然后在发布视频前改好资料，其后就不要再反复修改了，避免让观众产生混乱。

在养号的过程中，要去模拟普通观众的行为"刷"抖音，对视频进行点赞、评论、关注、转发、下载、收藏，这些都是一个普通观众的基本操作，只要让抖音认为你的账号是新账号，并且是活跃用户即可，这么做的目的就是为了让抖音对新账号进行流量扶持，避免被抖音官方判断为机器养号。

在这个过程中，要特别注意前 5 个视频的发布，这几个视频非常重要，千万不要乱发，因为前 5 个视频会获得抖音对新账号的流量扶持，曝光激增，抖音会通过账号的前 5 个视频识别账号属性，为后面视频进行标签化，智能分发做好准备。

举个例子，如果某个账号前面发的视频有 3 个是护肤相关视频，一个健身相关视频，一个视频是搞笑类的，那么抖音后续就会把 60% 的流量分配给护肤类，20% 的流量分配给健身类，20% 的流量分配给搞笑类。那么，后续再发送视频的时候就会按照上面的比例推送给不同的人群，对于创作者来说这部分人群很杂很乱，流量获取不精准。所以大家的核心做法就是养号，遵循一机（手机）一卡（电话卡）一号（抖音号），并确保前 5 个视频的质量，当账号有了优质的视频作品之后，就可以去了解一下抖音五大数据指标权重配比。

2. 使用数据工具

想要做好抖音账号，工具的选择也有很重要。在运营前期，新手常用的就是数据分析工具，例如"飞瓜""抖查查""蝉妈妈"等，数据分析是抖音账号运营至关重要的一个环节，主要是通过分析数据获得用户画像，再根据用户喜好发布更为精准的内容，提升变现效率。

举个例子，"头条易"平台以"快速决策，精准投放"为目标，利用领先的大数据技术和深度学习算法，对海量头条号做深入分析和数据挖掘，多维度展现头条号画像，而且还提供了专门针对抖音的视频流量工具，可以帮助用户借势打造品牌爆款。

下面介绍几款常用的数据分析软件。

3. 飞瓜数据

飞瓜数据是一个专业的短视频数据分析平台，不仅可以对单个抖音号进行数据管理和查看运营情况，还能对单个视频进行数据追踪，分析传播情况。飞瓜数据可以搜集到热门视频、音乐、博主等，还能查到热门带货情况，是一个功能全面的数据分析工具，如图 7-33 所示为飞瓜数据首页。

4. TooBigData

TooBigData 功能丰富，汇集了抖音各大实用数据管理功能，包括企业最新技术行业资讯、抖音官方媒体平台链接、热门商品、热门研究数据、账号诊断方法等实用工具，如图 7-34 所示为 TooBigData 平台首页。此外，TooBigData 具备丰富的抖音数据，用户不需要花费太多就可以进行查看，大部分免费数据对于普通用户来说足矣。

图 7-33

图 7-34

5. 抖查查

抖查查致力于抖音视频各方面数据的监测与分析，让用户可以通过直白的数据、图表总结出抖音热门视频的内容规律，助力抖音账号的运营，如图 7-35 所示为抖查查首页。

在抖查查的抖音排行版块中包括：视频榜单、粉丝榜、蓝 V 榜三大功能，抖音排行版块对抖音用户进行了一定的分析，助力广告主进行营销投放优化处理。大家都知道抖音播主的宣传费用并不低，想要取得营销推广利润的最大化，就需要掌握抖音不同行业、不同播主的视频内容传播指数及用户画像情况。视频榜单中囊括抖音视频中各领域的标签、点赞数、评论、分享等数据，广告主可以随意监测抖音主播账号的评论，并通过评论热词图表，直观了解主播的用户数据及用户画像情况。

6. 促成爆款

一个新的抖音号发布视频之后，首先会进行第一轮推荐，然后进行第二轮、第三轮推荐。其中，第一轮的推荐是最重要的，只有在第一轮获得不错的效果，视频就会被抖音官方认为有价值、值得推荐，这样视频才有机会成为爆款。

把握好视频发布的时间很重要，视频在合适的时机发布，才有机会被更多人看到。

抖音在线人数最多的几个时段分别是周五晚上、周末两天、工作日晚上 6 点 ~8 点，在这些时间段发布视频，曝光量会比平时多，但需要控制发布数量，建议每周发布 2~3 个视频。

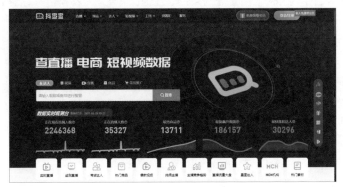

图 7-35

掌握品牌营销的技巧

围绕品牌做内容，围绕产品做关联，直接从抖音定位上占领用户心智。假如做母婴相关的内容，那就发布一些怀孕期间的注意事项及科普内容；如果做摄影类内容，那就上传一些平时拍摄的摄影作品；如果做科技领域的内容，就持续输出科技领域的相关知识。

下面详细剖析品牌营销的其他技巧。

1. 品牌官方入驻

官方可以带给用户更有归属、更为正统的认知，作为又一新兴社媒，抖音可以给品牌带来更碎片化、更具视觉化的品牌内容输出，这就填补了微信、微博端的空白区。

2. 小心求证，大胆尝新

对于短视频这种新形式，大家都是摸着石头过河，所以要细心思考运营抖音的终极目的是什么？自己品牌适合什么内容？打什么调性能圈存用户？根据这些问题，大胆投入人力和物力去尝试更多新形式，填补抖音营销方式的空白区。

3. 内容尽量是统一下的多元化

品牌想做抖音，确定好做什么方向后，就朝着单一的方向去开拓多元化的内容，围绕核心圈存粉丝。如果方向多了、杂了，就很容易造成粉丝流失、社群松散的局面。

4. 填补抖音当前极度稀缺的高价值内容池

高价值内容无论何时都是受欢迎的，所以要结合自身品牌、产品特性，抢占某块内容的高地，足以让自身品牌在抖音占据一席之地。

5.抖音营销内容三要素

抖音营销内容的三要素分别是：故事化、可互动、易模仿。有别于微信，更碎片化、视频化的抖音，支撑得起更具故事化的内容，也能更高效、直接地与粉丝互动，好的内容更能引起模仿。

6.音频非常重要

抖音中"音"占了一半，剩下的一半还在"抖"。即便抖音是个短视频平台，但大家别忘了，它自称为"音乐短视频平台"。无论是流行音乐，还是网络音频，已然成为大众乐于传播的"神曲"，所以音频、音乐的空白区是巨大的，和视频内容一样，有趣且易传播的音乐，值得大家深挖。

7.评论区的社群建立与运营

微信主打强社交关系，微博主打弱社交关系，抖音目前几乎为零关系。目前的抖音，在社交机制上应该也是举步维艰，因此品牌在与用户沟通时，评论区的运营，可以大做文章。

8.多尝试跨界合作

融入了新元素的产品能给用户带来新的产品感知，也让双方拥有了多面的品牌形象，实现了更多的用户曝光。作为剧情化的载体，抖音比微博、微信具备更强的剧情转折性和媒介互动性，所以也必将能给品牌跨界合作带来更多形式和创意。

9.少投硬广，多找KOL植入

抖音的"硬广"与常规视频除了依靠那蓝色的"广告"二字来区分，其价格和效果差异也很大。从抖音评论和数据报告来看，目前抖音上绝大多数的"广告"不得用户欢心，转化率也不高。通过 KOL 的产品植入，既能保证在不被用户反感的同时增加产品曝光，也能结合 KOL 的特色，让产品更具特征性地被记住、被选择。

明确抖音品牌营销的优势

抖音现已成为各大品牌的聚集地，相比于其他短视频平台来说有很大优势。本节就为大家分析抖音品牌营销的优势，以帮助中小企业明确营销目标，抓住流量红利。

1.迎合碎片化时代的传播诉求

抖音之所以能火起来，除了其本身产品的运营和推广做得不错，还恰好迎合了当今碎片化时代的传播诉求。相信大家对一些社会化营销套路也很熟悉，这些套路在今天已经被品牌和广告公司深刻领悟。但是，除创意是营销的永恒话题外，流量越来越贵，用户越来越难获取也成了品牌的难题。对于品牌而言，一个好的流量平台非常重要，而抖音成为了这些品牌的新选择。

抖音目前逐渐发展成了一个庞大的流量平台，并且抖音用户目标的高度集中性使其有了制造爆款的能力。在抖音还未开启商业合作时，就已经有很多产品因抖音的小视频而偶然爆红，意外享受了这波流量红利。对于品牌而言，越早加入越能享受平台发展期所带来的一系列红利。

2. 品牌能获得更高的曝光率

抖音用户日益增长，每个用户每天在线时间可达 1 小时，为品牌获得高曝光奠定了用户基础。一个品牌做营销最重要的就是曝光能力，除非是与抖音官方合作拍摄广告或者企业认证蓝 V，否则自身的品牌广告很容易被限流和屏蔽。因此，企业在进行品牌植入时，一定要根据视频内容，对品牌进行巧妙的曝光。

企业创作短视频成本低，宣传效果好，转化率高，但这一切都建立在优质的短视频内容基础上，在短视频时代，内容才是王道。企业在创作短视频内容时，需要注意以下几点。

（1）趣味且实用，拒绝低俗模仿。

品牌创作的内容需要有趣、有创意，并且自身要具备一定的辨识度，这一点需要企业结合自身产品定位，创造优质、个性的内容。这也是在短视频平台上比较容易传播的内容，例如使用自己的产品进行实物展示、开发新功能、植入创意等。

（2）巧妙结合热点，拒绝无底线跟风。

热点话题、热门内容等可以提升流量，但是对于官方企业号来说，在将品牌与热点结合时千万不要盲目跟风，对于企业账号发布的视频，一定要注意版权底线，针对地图规范、历史人物、竞品攻击等方面提前做好规范。

（3）年轻人接受新事物的能力强。

如今，品牌想要拓展年轻群体用户，抖音是绕不开的平台。举例说明，许多奢侈品品牌入驻抖音平台，主要目的在于培养年轻群体，使年轻人转化为潜在的消费对象。

毫无疑问，年轻人在抖音平台上占据大半江山，一二线城市的年轻群体更甚，他们接受新事物的能力强，而且愿意参与新鲜事物的各项挑战，满足了品牌对于营销平台的选择需求。

3. 具有很强的话题性和互动性

抖音目前捧红了奶茶、火锅、城市旅行等众多领域内的品牌，具有很强的话题性和互动性。对于品牌而言，只要可以植入自己产品形象，营销本身的推广形式其实没有什么局限，而抖音作为一个新的企业营销展示平台，各种品牌自然也十分愿意去进行新渠道的尝试。

举个例子，唯品会在"616 大促"宣传期间曾在抖音发起过挑战赛，吸引了十几万人参与，获得超 9.3 亿次的播放量。唯品会通过在抖音的关键广告位切入，第一时间获得了用户的注意力，使其原生信息流广告和"开屏黄金广告位"得到了更高层次的曝光，使挑战赛的热度再次升级，成功为品牌大促造势引流。

4.塑造品牌形象来扩大影响力

对于品牌方来说，抖音认证相当于企业在抖音的阵地，企业号能够帮助企业传递企业业务信息，与用户建立互动。

抖音作为新兴起的短视频平台，有着巨大的流量和转化能力。自抖音平台发展以来，诸如支付宝、小米、爱彼迎、马蜂窝等知名科技和互联网公司的品牌纷纷入驻平台，这些账号都有自己的视频定位，或剧情类、搞笑类、日常类等，这一行为很好地提升了用户黏性和品牌曝光度。

举例说明，联想的抖音官方账号此前主打的口号是"每周二至周五19:00直播"，很好地点明了与用户互动的时间段，如图 7-36 所示。联想抖音账号主要是以趣味方式展现联想的各类产品，把产品广告做成段子，通过有趣的呈现方式勾起用户对产品的更多联想，如图 7-37 和图 7-38 所示。

图 7-36　　　　　　　　　　图 7-37　　　　　　　　　　图 7-38

企业品牌的主要展示方式

目前在抖音上，企业品牌推广的几个主要方式有观看体验类、社交体验类、互动体验类等类型，具体有开屏广告、信息流广告、话题广告等。

1.开屏广告

作为移动端的黄金广告位，抖音平台的开屏广告（即启动抖音 App 后自动播放的广告）价格不菲，如果品牌研究好自身的客户群体，拿下开屏广告位得到的宣传效果自然不言而喻。开屏广告一般分为静态开屏广告及动态开屏广告，静态开屏广告适合突出核心的促销信息，而动态视频广告能打造更立体、更具观赏性的视觉体验。

抖音开屏广告效果如图 7-39 所示。

2. 信息流广告

信息流广告是位于社交媒体用户的好友动态，或者资讯媒体和视听媒体内容流中的广告。信息流广告的形式有图片、图文、视频等，特点是算法推荐、原生体验，可以通过标签进行定向投放，根据自己的需求选择推曝光、落地页或者应用下载等，最后的效果取决于"创意＋定向＋竞价"这 3 个关键因素。信息流广告已经成为媒体平台流量变现的主要模式，从传统巨头到新兴力量都加入了信息流广告大战。

信息流广告主要依托于海量的用户数据和信息流生态体系，可以精准捕捉用户意图，并结合不同平台，将广告展现给目标客户。其主要有两大特点：主动性和原生性。信息流的主动性体现在用户主动接收信息，可以根据不同平台的定向投放，将广告展现到用户眼前。信息流的热度居高不下，客户转化效果不错，已经逐渐让其成为广告主的主流推广方式之一，尤其是在抖音 App，可以通过一个视频来推动品牌产品在年轻人中"走红"，如图 7-40 所示为化妆品牌——兰蔻的信息流广告。

图 7-39

图 7-40

3. 达人创意合作

抖音达人创意合作与其他平台类似，需要达人发挥自身特点与品牌产品结合进行营销推广，抖音达人的高人气与巨大关注量会帮助品牌在短时间内获得大量曝光。很多达人会将品牌与视频内容结合在一起，写成段子或添加剧情，使观众在观看视频时不经意地接受广告信息，这样不会让观众产生反感和抵触心理，品牌才会得到有效的传播和推广。

4.抖音挑战赛

挑战赛作为抖音平台最活跃、产生最多亮点的部分，因其强互动性增加了用户对平台的黏性。对企业主和品牌来说，网络视频营销的主要目的是提高大众知名度。同时很多挑战都有官方网站的跳转链接，使其在广告转化率方面拥有不错的效果。

如今很多品牌开始认识到挑战赛的重要性，至2018年5月起，更是每天都有品牌与抖音合作的挑战活动上线。例如奶茶品牌"蜜雪冰城"，此前是一个默默无闻的小众品牌，通过在抖音发起挑战赛，吸引了大量用户关注并参与，目前这个话题的播放量已高达26亿次，如图7-41所示。还有火锅品牌"海底捞"，通过特色的服务模式吸引住顾客，目前相关话题的播放量高达121亿次，如图7-42所示。

图 7-41

图 7-42

引爆品牌营销的内容形式

内容是企业品牌在抖音平台上传播的重中之重，再多的品牌创意都要结合短视频内容的传播，抖音通过短视频这种沉浸式更强的表达方式，将品牌和用户的距离缩短，增加用户转化为粉丝的概率。

1.戏精类：完美展现品牌特性

"戏精"类内容是指，运用自身的表演技巧和出乎意料的剧情安排，将品牌的特性完美展现。比较典型的案例就是"水果侠"主题乐园，这类视频内容非常适合"戏起挑战"，因为会吸引很多用户共同参与创作。

此外，在内容创作上，企业也可以做"演技派"，采用歌曲演绎、自创内容演绎和分饰多角等拍摄手法，将音乐变为专属的表演秀。"戏精"类内容适合想要塑造或者改变形象的企业。

2. 特效类：品牌形象插入视频

当品牌主自己有口号、主题，希望充分表达的时候，可以借助抖音达人的原生影响力与标签感，并运用各种特效来充分彰显品牌理念和主张。运用软件制作特效，将品牌形象或信息穿插到视频内容中，并添加震撼的音效，以达到直击人心的目的。

3. 实物类：引发"带货"效应

将实物产品软性植入拍摄场景，或作为拍摄道具来直观展现，引发"带货"效应。例如，长城汽车的案例，抖音达人通过在视频中加入长城汽车的海报信息，或搭配富有创意的舞蹈，短视频整体性较强且毫无违和感，如图 7-43 所示。

另外，还有网络火爆的"小爱同学"，用户通过提问小爱有趣的问题，让小爱给出让人捧腹的回答。人工智能更有趣，大家是不是就更喜欢？"小爱"自带的幽默属性，让其成为时下火爆的电子产品，如图 7-44 所示。

图 7-43　　　　　　　　　　　图 7-44

4. 故事类：引发互动产生共鸣

用讲故事的手法，将产品或品牌信息带入特定的暖心情境中，使用户产生情感共鸣，引发互动。例如，比较典型的口味王品牌的案例，抖音达人通过平淡、暖心的叙事手法，将口味王零食送给辛苦的劳动者，让他们感受到温暖，从而传递出品牌的亲民性。

综上所述，企业做内容规划时需要考虑的两个重点，做出的内容要与品牌有一定关联，品牌或产品要处于一个相对重要的地位。另外，要留出空间，让内容可以一直延续。

5.动作类：潜意识打入用户心智

运用肢体动作，表现品牌或产品蕴含的个性特征，引发用户联想，从潜意识切入，打入用户心底。比较典型的案例就是电影《环太平洋2》，抖音达人用极具特色的形式拍摄视频，搭配电影的经典 BGM，最后模仿预告片经典动作，说出品牌内容，如图 7-45 和图 7-46 所示。

图 7-45　　　　　　　　　　图 7-46

掌握品牌营销的几个技巧

作为当下火爆的短视频应用之一，抖音凭借其巨大的流量，越来越受到广告方的重视。很多人还是会认为抖音营销不好做，没有现成的模式可以借鉴，但事实并非如此。成功的抖音营销案例有非常多值得借鉴的地方，并且可以总结出有效、可复制的抖音营销方式。

不少企业做抖音营销，还是传统广告、老一套的方式。要么拍一个竖屏视频广告，要么就是简单粗暴地找网红达人帮忙宣传，做一些"随大流"的东西。这些方法虽然看着高大上，但实际上成本高，而且效果也不一定好，并不能成为企业尤其是一些小品牌值得借鉴的经验。

抖音最大的特点就是平民化，谁都可以拍视频，人人都是发声筒。下面总结几个有效的抖音营销方式，正在学习抖音营销的人可以根据自身特点进行选择，灵活搭配。

1.聚焦产品，直接展示

如果你的产品本身有趣且有创意，或者有自己的主题，那就不需要拐弯抹角，可以直接用抖音来展示自己的产品。例如，某"网红"火锅产品可以实现一键升降的功能，如图 7-47 所示。没有用过的人"刷"到这条抖音可能会感到惊讶，这就立马吸引住了用户的眼球。由于火锅具有话题性，因此直接展示产品本身，会马上引来大批网友的围观。

这种营销方式非常适合一些电商品牌，尤其是一些用途独特的产品，例如挑食宝宝的趣味饭团制作工具、手机外壳和自拍棒相结合的"Party 神器"等，如图 7-48 和图 7-49 所示，都是由一个视频引爆的电商产品。

图 7-47

图 7-48

图 7-49

2.策划周边，侧面呈现

如果企业的产品具有与同行相同的功能，且没有特殊功能，可以尝试从周边产品中找到主题和亮点。"周边产品"指由授权人物或动物在动画、卡通、游戏及其他作品中制作的商品，如图 7-50 所示为博主"同道大叔"的周边系列产品，现在更多的是指与产品同时交付的所有相关项目。

图 7-50

如果一个企业想销售一种化妆品，除了化妆品本身，包装盒、棉签、说明书和折扣卡等都可以作为周边产品专门设计。在这一点上，"阿芙"公司就做得很好，用户买一小瓶精油，将会得到一大箱礼物，让用户大呼超值。再如，大连的一家比萨店也在菜单上做了文章，直接把比萨饼原汁原味地印在菜单上，如图 7-51 和图 7-52 所示，不少网友在看后纷纷留言评论"看饿了""这家店在哪儿我要去"等，无形之中拉动了客源。

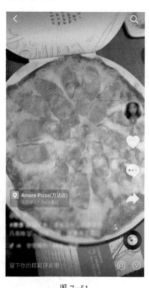 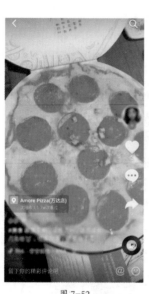

图 7-51   图 7-52

3.挖掘用途，产品延伸

除了产品本身和周围的产品，企业也可以开发脑洞，研究产品是否有更多的跨界用途，能够持续不断地吸引观众的眼球，如图 7-53 和图 7-54 所示。举例说明，一些网友突发奇想地研究了海底捞调料与众不同的搭配方法，并大力宣传"比服务员调得还好吃"，随后海底捞遵从了"抖音吃法"并直接引入了一系列"网红秘诀"。例如，海底捞打破了火锅店只"涮"的吃法，在清水锅中加入鸡蛋、小番茄和自主小料就变成了"番茄鸡蛋汤"。据一名海底捞服务员说，在过去的一个月里，五桌有三桌都是点抖音套餐，番茄锅底、油面筋桌桌必点，连小料台上牛肉粒和芹菜粒的消耗都是此前的 2~3 倍。

海底捞这个典型的抖音营销案例，其营销方法之一就是利用了大众的好奇心和参与性。海底捞在抖音推出的"超好吃"的底料搭配法引起了用户的好奇心，加之参与门槛低，吸引了大量用户纷纷参与。每个人都有追随潮流和从众、模仿的心理，一种产品变成了"网红"，每个人都说好吃，大家就都会想去尝一尝。此外，这种方式很有趣，参与门槛也很低，大家又何乐而不为呢？

图 7-53　　　　　　　　　　图 7-54

除了火锅，其他看似平平无奇的产品也可以发掘出不少卖点，例如抖音一直很火的"提拉米苏蛋糕"，是由服务员抱着一盘蛋糕用勺子分给每一桌顾客的，在抖音推荐上经常能看到这种视频，观众在看完视频后就会产生去店里品尝的想法。

> 　　无论是独特的吃法，还是新奇的产品，都抓住了年轻人敢于尝试、喜欢挑战的特点，使顾客与品牌充分地互动和参与，有利于品牌的快速传播。

4. 放大优势，夸张呈现

夸张是运用丰富的想象力，在客观现实的基础上有目的地放大产品的某个特征，以增强表达效果的修辞手法。对于产品的某个或某几个独有特征，可以尝试用夸张的方式呈现，便于受众记忆。例如，"超大空间"是别克 GL6 的卖点之一，为了突出这个卖点，销售人员直接把后座放倒，让两个女生躺在上面，给不少观众留下了深刻印象。又如，"滑动一键开启中控隐秘的存储空间"是凯迪拉克的亮点之一，在"藏钱的最佳位置"话题被放大后，成为大家纷纷模仿的热门视频，仅其中一个相关抖音视频，点赞量就高达 6.2 万，如图 7-55 所示。

5. 跨界延伸，增加创意

若产品本身出彩的地方不多，那就用创意来填充。挖掘一些特别的功能或延伸一些增值附加功能，创造性地展示出这些跨界的用途或功能，也能吸引人进行围观。例如，一家普通的饭店，没有独特的菜品，也没有旅游景点那样优越的地理环境，只是在店内设置了一个"10 秒钟"的机器，如图 7-56 所示。如果用餐的顾客成功按到数字 10 就可以享受折扣，人们自发进行挑战并拍成视频上传抖音，成功激发了大家挑战的欲望，在询问地址后，大批顾客前往店内进行挑战。

图 7-55　　　　　　　　　　　　　图 7-56

还有生活中经常接触到的自带声音的计算器，由于每个数字按键发出的声音不同，有人想到了用计算器的声音来演奏抖音上的热门歌曲，只要加快按键的速度就能演奏出歌曲的旋律。这种创意简单、有趣，还容易复制，很多人看了都想购买该产品，尝试一下计算器的新玩法，看着自己动动手指就能按出流行歌曲，还是很不一样的。

6. 口碑展示，营造氛围

在抖音平台展示产品口碑，可以从侧面印证产品的火爆。大量用户在抖音跟风展示网红产品的卖点，通过多样化的内容呈现，不断深化用户对产品的印象，形成品牌口碑。例如，最近兴起的一款奶茶"茶百道"，有些人点外卖后却发现没有在门店购买的好喝，于是抖音上出现了一些教大家如何喝奶茶的视频，如图 7-57 所示。这个视频出来之后，很多人纷纷模仿这种点单方式，尝试新吃法，并发表自己的感慨"真的很好吃"，鼓励更多人去尝试，品牌的传播速度得到了快速增长。

7. 日常曝光，传播文化

消费者在购买产品的时候，除了考虑产品质量、服务水平，也会关注品牌的内部文化和氛围，尤其是对一些大型企业，很多人会好奇在这种公司工作的待遇怎么样，福利怎么样等。

　　如果有两家产品相似的品牌公司，第一家品牌公司给人的感觉是员工热情团结、工作有激情，而第二家品牌公司却是神神秘秘，为人处世冷冰冰。作为消费者，肯定更愿意选择第一家，哪怕产品价格稍微贵一点。所以，企业完全可以在抖音上大胆地将公司的文化、办公室员工的生活趣事等呈现出来。

　　举例说明，小米的抖音账号之一"小米员工的日常"，如图 7-58 所示，发布了一个关于"小米员工都在哪里办公"的视频，通过介绍办公室环境，搭配背景音乐，吸引了大量观众去围观和评论，这一视频获得了 2.8 万的点赞量，如图 7-59 所示。

| 图 7-57 | 图 7-58 | 图 7-59 |

8. 融入场景，巧妙植入

　　该技巧不再直接针对产品本身，而是把产品融入某个生活场景之中，让别人潜移默化地接受品牌或者产品的影响力，从而记住这个产品或品牌。换言之，虽然看起来只是生活小窍门或某个搞笑片段，但在场景中悄悄做了植入，例如桌角放产品、背后有品牌标识、背景有广告声音等，这样依然能起到很好的品牌宣传作用。例如此前抖音平台获赞率很高的一类视频，大致内容是拍摄者在很火的奶茶店搭讪陌生人，视频背景是店铺的标识和产品，这其实就是场景营销植入广告的套路。

9. 官方玩法，投入预算

　　除了前面介绍的一些比较热门的玩法，如果品牌商有一定的广告预算，还可以参与抖音官方的玩法，例如开屏广告、信息流广告、红人 KOL 合作、创建视频话题、品牌音乐、品牌贴纸等，与抖音官方合作会比自己发布视频的效果更好，但费用较高，大家酌情选择即可。

引流吸粉：
有效实现收
益最大化

抖音的用户黏性非常强，经常一刷就是好几个小时。抖音的流量是巨大的，如果能行之有效地利用这些流量去变现，获得的收益也是巨大的。那么作为普通人，该如何去利用抖音进行引流「吸粉」呢？本章就从几个不同角度出发，为大家讲解引流「吸粉」，实现收益最大化的技巧。

[01] 账号权重：了解抖音算法的核心参数

相信大家都有在抖音发布短视频的经历，看到别人的短视频在短时间内收获几十万赞、几百万赞，但自己的短视频点赞破百都难，这时候大家应该都是有疑问的，为什么别人的点赞那么高？这就涉及一个关键因素——权重。

权重是什么？在抖音平台上，可以理解为权重越高，视频播放量就越高。抖音会根据曝光量数据，结合账号分值来分析是否加权，例如完播率、点赞、关注、评论、转发、转粉、浏览深度等。点赞、评论、转发、点击率、完播率决定是否进行第二轮推荐及推荐力度，即播放量 =A× 完播率 +B× 点赞率 +C× 评论率 +D× 转发率。

完播率：视频播放完毕很关键

完播率是短视频的一项重要指标，是指观众完整播放视频的总播放次数，一定程度上反映了视频的优质度。在视频不违反抖音规则正常推荐的前提下，视频完播率越高，视频的点赞量、评论量和播放量也会随之提高，并且能直接决定这个视频是否能进新的流量池。

提升完播率对视频来说至关重要，完播率提高了，视频就会获得更多的流量并被推荐给更多人。在保证视频完整的前提下，大家应当尽可能地缩短视频的长度，这是提升完播率的重要途径。

拓展讲解

> 完播率不是播放量，播放量是一个特别容易让人产生误会的词，播放量并不能代表有多少人观看了你的视频，只能代表抖音系统把你的视频推荐给了多少人，播放量和完播率是有区别的，不能混为一谈。

下面总结了几个提高完播率的技巧，帮助大家更清楚地了解短视频上"热门"的诀窍。

1. 视频时长

相对于长视频来说，时长短的视频完播率更容易提升。假设一个视频的时长为一分钟，用户只看了 30 秒，那它的完播率是 50%；如果这个视频 30 秒，那一个用户看了 7.5 秒，那么它的完播率是 25%，这就是为什么说视频不是越长越好，因为较短的视频完播率会更高。

但也不是说视频越短越好，仅呈现两三秒的幻灯片也是不行的，抖音有一个说法是"不满七秒的视频没权重"，这个说法也并不是完全没有道理，几秒钟和几十秒的视频完播率的权重是不能相提并论的。在一般情况下，短视频作品的时长最好控制在 10~20 秒，或者 8~15 秒，这两个区间的视频完播率是最高的。

抖音中还有一个"黄金 6 秒"原则，"黄金 6 秒"是指超过 90% 的观众在观看短视频时，看到 6 秒就划过了。下面总结了一些做好"黄金 6 秒"的技巧。

　　※　视频的主题内容尽量在开头就表现出来，不要拖沓。

　　※　注意配乐，尽量使用抖音的热门音乐。

　　※　要善于用视频封面抓住观众眼球，突出视频主题，如图 8-1 所示。

　　※　好的标题或开头文案能吸引人继续看下去，例如提问式：你知道你经常吃的火腿肠里其实一点肉也没有吗？

2.违反常规，制造争议

利用部分人喜欢辩论的特点，在视频或文案中设置评论点，以引起争议和讨论也可以在视频中制造争议，来吸引大家评论，延长大家在视频中停留的时间，从而提高视频完播率。

在视频作品中，可以利用一些小道具制造令人意想不到的点，引发大家评论或者二次观看。举个例子，如图 8-2 所示，视频画面上写着"君子报仇十年不晚"，观众在看到这个标题的第一时间就会感到好奇，从而产生继续看下去的欲望。

一般人在看完视频后会感到很解气，大家会在评论区留言或者将视频看完，或者重复观看，此时就达到创作者想要的完播和讨论效果了。

3.制造矛盾冲突

每个爆款视频底下都会有一条令人眼前一亮的"神评论"，这类评论会吸引人重复观看视频，因为在打开评论区时，视频是一直在循环播放的。大家在发布视频时可以提前准备好神评论，在视频发出后，让其他人帮忙评论一下，引导观众围绕这个话题展开更多互动。

在视频文案中，设置有争议的观点制造矛盾冲突，吸引用户参与进来辩论、互动。例如，可以通过简单的算术题制造矛盾冲突，如图 8-3 所示，该视频的文案为"小学的规律题，真的那么难吗？"这一文案一开始就制造了一个矛盾点，引导观众进行思考，因此，这个视频的评论区出现了众多展示算术能力的回复。

点赞率：点赞越多越能被推荐

抖音点赞率的计算公式为：点赞率 = 点赞量 / 播放量。根据抖音的推荐机制，点赞量达到 3%~5% 就是非常优质的作品，会被系统不停地增加推荐量。相反，如果点赞率过低的作品系统将不再进行推荐，账号运营初期可以 2% 为标杆。

提升点赞量有几个需要注意的地方，首先是视频的发布时间，不同的时间段发布视频，点赞的数量是有很大差别的。一般来说，下午 1 点和晚上 6 点是点赞高峰期，通过数据平台的研究分析，大部分视频的点赞数都在 700 以下，超过 1 万的其实不多，按照抖音短视频推送的算法规则，如果前 1000 个推荐量范围内视频点赞率比例高，系统会对应地推送下一波的流量。因此，前 1000 个推荐量的点赞率很重要，创作者要抓准视频发布的时间，在高峰期发布视频能够有效提升视频的权重及上"热门"的机会。

图 8-1　　　　　　　　　　图 8-2　　　　　　　　　　图 8-3

转发量：多级传播扩大影响力

抖音的转发量是考核一个短视频贡献值的标准，转发量越大，抖音系统给予该视频的流量就越高。特别是站外的转发量，因为站外的转发会被抖音系统判断为推广行为，系统也会更多地给予该账号流量倾斜。

下面总结了几条提高转发量的小技巧。

1. 暗示：传递同等价值观

在引发用户转发的时候强调的是一种内容的共鸣。传递同等价值观，可以提升观众的认同感。所以，富有正能量的视频内容其实是很吃香的，如果再加上适当的幽默感和恰到好处的吐槽，就能够博得观众的好感。另外，内容不能脱离目标观众的身份，而应设身处地地设想内容来营造贴合观众身份和环境，引起目标观众强烈的共鸣。内容风格一定要稳定，例如在做星座矩阵账号的时候，可以矩阵裂变出 12 个星座账号，针对不同星座的粉丝开设不同的账号，制作精准的内容。

2. 模仿：培养抖音用户的参与感

此前抖音账号"许华升"发布的一个短视频就引发了全网的跟拍及合拍。通过分析发现，该视频不仅引发了观众的共鸣，而且短视频的拍摄手法非常简单，观众只需应用短视频原创者的音频就可以拍出与原创者相似的内容，同时也可以引导观众进行一些微原创或者合拍。

具有一定争议的话题，同样能够引起观众的投票和讨论，但是要注意在评论区做好引导，如果策划不错，这类抖音短视频的转发量也会比较高。

3.感染：别把自己当网红，也别把自己不当网红

要注意感染自己的粉丝，简单来说就是不要一副高高在上的嘴脸。例如，此前洋葱集团旗下的某位红人就是一个反例，她在出演《奇葩说》这个节目的时候经常与粉丝、竞争对手等发生争执，出言不逊，结果在网上引发了一场骂战。另外，也别把自己不当网红，作为一个网红，要在评论区经常与粉丝和其他观众互动，增强粉丝的黏度。

关注人数：粉丝越多价值越大

抖音"涨粉"最大的好处就是能变现，粉丝越多，价值越高，能带来的回报自然就高。以低门槛的抖音电商带货来说，想要开通抖音电商带货功能，最简单的就是开通抖音商品橱窗，除了实名认证及发布视频，账号还需要满足粉丝数大于1000的要求。只有满足这些条件，才能在短视频中添加商品链接，售卖商品，或者在直播间添加购物车，售卖商品，完成变现。1000个粉丝的目标不算太高，大多数人都能完成，这是抖音"涨粉"最直接的好处。

其次就是当抖音粉丝数量增加之后，不用担心没有货源，很多商家看中了账号的流量就会来找你。但是在选择商品的时候，一定要检查质量，保证自己卖的东西是正规的，不能让粉丝买到假货和次品。如果自己有货源那就更好了，这样利润更高，而且可以开直播卖货，不仅提升了账号的人气，还能让利益最大化。

除了卖货，粉丝多的账号还能接各种广告，例如帮忙推广某款游戏、某个 App 等，拍摄一条"软广"发布到自己的抖音账号中，可以根据自己的粉丝量来决定广告收入。目前抖音上大多数账号都是以这种方式变现的，例如美食账号卖锅、卖烤箱等，日常号卖家居用品、零食等，如图 8-4 和图 8-5 所示。

除以上几点外，抖音粉丝持续增长，说明账号持续被大家喜欢和关注。系统会根据用户对账号的喜爱程度提升账号权重，账号及其内容相应地会获得更多推荐。无论是直播带货还是短视频带货，大量的粉丝基础都是变现的一大助力。抖音粉丝是做抖音账号的主要目的，抖音粉丝代表了一个抖音号的影响力，也是账号变现的基础，抖音"涨粉"对抖音号来说，基本就是百利而无一害的。

拓展讲解

抖音"涨粉"好处是自然"涨粉"，而不是通过虚假"买粉"的形式达成的，买的粉丝只能用于开个抖音商品橱窗，适合账号初期使用，后期的变现单靠这些假粉基本没有任何用处，只是好看。

图 8-4　　　　　　　　　　　　图 8-5

[02] 引流技巧：提升持续吸粉的能力

目前抖音引流的方式层出不穷，抖音平台的火爆也带来巨大的流量，企业如果要利用抖音引入大量流量，就需要建立自己的私域流量，结合合适的产品对粉丝进行引流，最终达到变现的目的。

内部引流：抖音内部经营抓取粉丝

抖音内部引流是指在视频发布后，通过广告、合作、热门话题等为视频带来流量，提高曝光量。这种方式通常要对抖音的视频发布规则很清楚，绝不能发布质量差的、盗版的视频，否则会被限流。

1.硬广告引流

硬广告指直接介绍商品、服务内容的传统形式的广告，通过刊登报刊、设置广告牌、电台和电视台播出等进行宣传（区别于软广告），观众对于这类广告的接受程度一般较低。

硬广告是生活中常见的一种营销方式，它指的是人们在报纸、杂志、电视、广播、网络等媒体上看到或听到的那些为宣传产品而制作出来的纯广告。其中，微博中的硬广告传播速度非常快，涉及的范围也比较广泛，经常以图文结合的方式出现，如图 8-6 所示，偶尔伴有视频或者相关链接。在视频中可以直接进行产品展示或客户反馈，将平时顾客在朋友圈的反馈图整理出来，或者针对一些减肥、美白、生发产品，可以整理出使用前后的效果对比图，将这些图片制成照片电影进行发布。

2. 抖音热搜引流

大多数抖音创作者都忽视了标题的作用，殊不知一个好的标题就是成功的一半。一个好的标题能够提升账号各方面的"权重"，这里说一个有效且简单的上"热门"的方法，那就是利用热门话题或热门事件去蹭热点和流量。但是蹭热门是有方法的，接下来分 4 点讲解如何利用热点做好自己的内容。

（1）视频标题紧扣热词。

当一个热词的搜索结果只有相关的视频内容时，那视频的标题就很重要了，可以在标题中完整地写出热搜关键词，提升搜索匹配度的优先级别。

（2）视频话题与热词吻合。

以"新冠肺炎"这一大众关注话题为例，该组关键词搜索结果返回的是关注人数超 20 亿万的"# 新冠肺炎 #"话题，如图 8-7 所示。但从视频搜索结果来看，排在首位的视频文案中并无"新冠肺炎"的关键词，这个视频之所以排在首位，是因为视频带有"# 新冠肺炎 #"这个包含热词的话题。

图 8-6   图 8-7

（3）选用与热词关联度高的视频背景音乐。

选用与热词关联度高的视频背景音乐，同样可以提高视频的曝光率。举例说明，此前被抖音平台的一位歌手翻唱的歌曲《花海》，目前使用人次已达 3.5 万，如图 8-8 所示，一定程度上反映了该歌曲的火爆程度，以及参与互动人群的积极性。

（4）账号命名踩中热词。

这种方法比较取巧，甚至需要一些运气，但对于跟热词相关的垂直账号来说，一旦账号命名踩中热词，曝光概率会大幅增加。例如 2020 年的热词"我太难了"

使用该热词作为名称的账号，很多粉丝数都已经破万，如图 8-9 所示。

图 8-8　　　　　　　　　　　　　　图 8-9

3. 抖音原创视频引流

打造个人 IP、做垂直原创视频、靠优质内容获得高曝光、让用户喜欢并关注都是极好的抖音引流方式。抖音"吸粉"引流的前提是创作者需要明确自身粉丝的画像，然后根据他们的标签、画像来进行内容定位。例如做美妆类产品视频，可以通过发美妆技巧、美妆产品的使用方法等去吸引有相关需求的潜在客户。粉丝增多了，后期就可以轻松实现销售变现。

4. 抖音评论区人工引流

抖音的推荐机制与今日头条类似，一条抖音视频上传审核通过后，系统会先将视频进行兴趣分类，将视频推送给经常观看这类视频的部分用户，而后会根据对该部分人群浏览后的完整播放率、点赞量、评论数、转发量进行数据分析，再根据视频数据质量决定是否继续推荐给更多人群。

当一个视频有了成千上万的点赞，这些为其点赞的用户一定会有一部分进入账号主页，带去额外的流量。这时就可以在自己同领域内找到 20 个优质账号，在这些优质创作者发布作品的第一时间去发表一些有意思的评论，如图 8-10 所示，这样就会为自己的账号带来一些同领域内又精准、又活跃的用户。

5. 抖音私信消息引流

抖音支持收发消息，一些粉丝可能会通过该功能私信发消息，但是不要主动给粉丝频繁发消息，抖音会认为这是打扰用户的行为。大家可以借助一些工具进行精准私信，根据关键字采集、精确地筛选，抖音会自动监测到精准的评论内容，然后关注，等别人回关，再私信。

6. 利用互粉群引流

有很多精明的人，知道在热门作品评论中"涨粉"不太精准，这时候就专门去同行作品的下方评论、去同行粉丝列表里关注同行的粉丝，然后私信这些粉丝，也能涨很多的粉丝。

这个涨粉方法非常精准，但是缺乏信任。虽然是同行的粉丝，也属于自己的目标客户，但这些粉丝只信任同行，不会信任你，如果你的作品不好，或者你根本就没有作品，即使关注你了，最后还是会"取关"。如果你私信他，留你的联系方式，很多人一看就知道咋回事，直接举报。还有一点，同行看到你在他的作品下导流，会删除你的评论、拉黑你、举报你、关闭自己的粉丝列表、关闭自己的关注列表，虽然这种方法获得的粉丝很精准，但是潜在隐患特别大。

大家不妨组建抖音群聊，相互点赞和关注，通过这种方式进行前期的涨粉，只要群里人多，涨粉速度也是很可观的，但如果你是一个新账号，没有什么资源和优势，那些已经做起来的账号可能不会同意与你互推。

7. 互推合作引流

互推是指同一量级或不同量级的账号，通过提前设定好的规则进行互相推广的行为，目的是通过各自差异化的粉丝，为彼此带来增长和收益。下面介绍几种互推合作引流的常用方法。

（1）短视频互推。

短视频是目前绝大多数抖音账号的第一流量入口，近乎99%的账号曝光都是借助每天发布的短视频带来的。通过短视频作品互推，可以说是非常有效的方法。

真人出镜到对方的视频中，如图8-11所示；在视频中隔空喊话，与对方互动；在视频中借助文字、口播对方的账号；专门做一期"精品抖音号推荐"的视频，然后各自发布出来。这些都是目前抖音上做互推常用的方式，大家不妨试一试。

（2）个人信息互推。

相比于互推，目前更为常见的是借助个人信息栏进行"广告引流"，具体的操作方式为：抖音大号将广告方的微信号、QQ号、手机号等放到自己的个人信息中，通过个人主页的曝光，为广告方引流，如图8-12所示。

拓展讲解

个人信息栏既然可以引流，如果做互推当然也没问题。而且相比于直接填写联系方式这些更容易违规的行为，只需要提到彼此昵称的互推行为，无疑安全了很多。

图 8-10　　　　　　　　　　　　　图 8-11

（3）视频文案 @ 对方。

首先，这一方式的实现成本很低，不用专门拍摄视频，只要在自己的文案中 @ 对方，如图 8-13 所示，就能获得跟短视频近乎齐平的曝光量；其次，更加安全。抖音的所有违规行为中，没有一条限制文案中 @ 对方；第三，如果彼此的视频和文案之间能够形成一种联动（例如以不同角度展现同一个视频、以上下集的形式推出等），相信能获得更好的效果。

（4）合拍与抢镜。

抖音对外的口号是打造一个"内容社交平台"，相比于大家每天各自发布的短视频，合拍、抢镜这两个极具抖音特色的玩法，其"社交属性"无疑更为明显，如图 8-14 所示。

2018 年，就有人借助这两个功能将自己的账号做大。想象一下，如果把这两大功能用在互推上，那么隔空喊话、隔屏互动的效果是不是变得更紧密了呢？

（5）点赞互推。

在这些互推方法中，点赞互推的引流质量可以说是最高的。大家可以设想一下，什么样的粉丝会去主动看别人点赞的内容呢？粉丝对你这个人好奇、粉丝对你信任、粉丝对关于你的事情极为关注。有以上任何一种，都能激发粉丝对你点赞作品的探知和了解。

所以只要吸引到了这类粉丝，通过点赞和互推增长的曝光量是很有效的，能够加速账号变现。

（6）转发互推。

在抖音平台上，转发互推的作品会显示在粉丝的"关注一栏"中，其实这相当于另一种形式的"原发作品"。和点赞互推一样，都是有效的曝光方式。

图 8-12

图 8-13

图 8-14

（7）唯一关注。

唯一关注的互推原理，与上面提到的"点赞互推"和"转发互推"相近，主要是借助粉丝的好奇心、关注力来实现互推的效果。

很多抖音大号想要变现、引流，但是把微信号放到个人信息、评论、文案中，账号被降权的风险又太高。于是这些创作者想到了一个办法，就是引导粉丝去留意自己唯一关注的"客服号"或"服务号"，在小号中放置完整的联络信息，从而实现导流的目的，如图 8-15 所示。

图 8-15

（8）直播互推。

相比于短视频，抖音官方对直播入口的管控反而不算严格，所以在直播中，进行互推的账号可以相对放开推广。在直播前几天，将直播的内容预告发布在抖音上，让粉丝清楚直播时间、直播内容和合作的博主，这是一种清晰的引流方式，粉丝看到后就会腾出时间来观看直播。

8. 抖音矩阵引流

矩阵引流是指在抖音平台通过不同的抖音账号，让账号与账号之间建立联系，全方位地实现品牌展现，从而打通粉丝，扩大粉丝数量，提升各个账号的商业价值。

做抖音矩阵有 4 个好处。

※　收益倍增。如果一个图书号有 1 万粉丝，平均每天带来的稳定盈利是 50 元

如果有 10 个这样的账号就有可能获得 10 倍的收益，但运营成本会大幅度增加。

※　增加爆款概率。做抖音的人都知道，涨粉靠爆款，存留看日常。爆款对一个账号的价值，是毋庸置疑的。而在同一个成功模式下，作品质量相近，是一个视频点赞超过 10000 难，还是 5 个视频点赞超过 2000 难呢？显然，单个作品点赞 10000 对视频的质量要求远比 2000 的视频高。

※　降低账号违规、限流风险。对于抖音创作者来说，这种方法可谓司空见惯。不要把鸡蛋放到同一个篮子里，是经济学上著名的"组合投资理论"，同样适用于抖音运营。

※　做用户人群细分。在任何一个平台评判一个账号的价值，除了它本身的粉丝数量，还要看转化效果。粉丝越细分垂直，账号的价值越高。矩阵的出现，让用户既可以兼顾大类，例如说美食，也可以在大类的基础上进行细分，例如长沙美食、北京美食等。多管齐下，让每一个粉丝的价值实现最大化。

抖音矩阵主要分为家庭、团队、MCN、个人这 4 类矩阵。

（1）家庭矩阵。

例如，小金刚 + 可爱的金刚嫂 + 金刚爸 + 金刚妈，金刚一家在抖音上的名气是毋庸置疑的，如图 8-16 所示。起初由"小金刚"带头，以一带三，粉丝融合，叠加起来粉丝总数高达 800 万，尽管不可避免地会产生重复粉丝，但是这种玩法的变现潜力是极大的。

图 8-16

（2）团队矩阵。

例如丁香园旗下有丁香医生、丁香妈妈、来问丁香医生，如图 8-17 所示，累计粉丝超过 600 多万。蘑菇街旗下有蘑菇街、菇菇来了、蘑菇化妆师、蘑菇搭配师、菇菇叽、菇菇街拍，累计粉丝 270 万。一家是走医疗行业媒体 + 社区的丁香园，一家是主攻年轻时尚女性的蘑菇街。在各自人群足够细分的赛道上，根据人群、内容属性再度细分，让颗粒度更小。矩阵中的每一个抖音号，都可以说是一档垂直的栏目。

图 8-17

（3）MCN 矩阵。

凡是做抖音运营的，应该都比较熟悉"洋葱集团"这个名字，一个永远在抖音精选中的专业集团，打造了许多耳熟能详的抖音红人，如代古拉 k、七舅脑爷、办公室小野、毒角 show、爷爷等一下、办公室小作等，如图 8-18 和图 8-19 所示。

图 8-18　　　　　　　　　　　　图 8-19

（4）个人矩阵。

个人矩阵是指，从一个爆款 IP，发展为细分内容。一个抖音号（尤其是个人属性较强的账号）火了之后，不少账号会尝试建立内容更细分的相关矩阵账号，并通过在签名区或评论区 @ 小号的方式为矩阵造势。举例说明，"柚子 cici 酱""柚子吃了吗"和"柚子买了吗"就是一个典型的例子，这几个账号出自同一个人 IP，但账号类型完全不同，如图 8-20 和图 8-22 所示。

图 8-20　　　　　　　　图 8-21　　　　　　　　图 8-22

外部引流：营造自己的社交网络

除了在抖音内部引流，运营者还可以通过其他方式进行外部引流，实现内容的多方面传播，获取更多人的关注。此前，将抖音短视频分享到微信和 QQ 后，被分享者只能收到被分享的短视频链接。现在，抖音支持将作品快速分享到朋友圈、微信好友、QQ 空间等，如图 8-23 所示。

用户点击相应按钮就会自动跳转至对应平台，这时按照常规操作分享视频即可。分享成功后，点开即可观看，不用再手动复制链接到浏览器上观看了。抖音分享机制的改变，无疑是对微信分享限制的一种突破，对抖音的跨平台引流和自身发展都起到了一定的推动作用。抖音平台都在改善视频推广能力，用户当然也就可以通过视频分享朋友圈或者其他平台为自己争取流量。

下面将对几种热门的外部引流方法进行介绍，帮助大家更好地运营抖音。

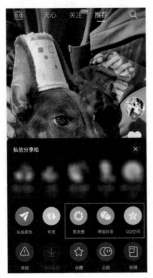

图 8-23

1.微信引流

根据腾讯 2018 年一季报数据，微信的月活跃账户达 10.4 亿，已实现对国内移动互联网用户的大面积覆盖，成为国内最大的移动流量平台，微信朋友圈、群聊、公众号等都可以成为很好的引流空间。

当用户在抖音中选择将视频分享至微信时，视频将被保存至手机相册，用户可选择在朋友圈中发布此视频，并且视频自带抖音水印和抖音账号，能够得到微信好友的关注，吸引一部分流量。在朋友圈引流有几个好处，用户的黏性强、可信度高、互动性强，朋友圈都是自己的好友，二次传播的概率也很高。

同样，通过微信群发布自己的抖音作品，群里的其他用户在点击视频后可以直接查看内容，增加内容的曝光率，也可以帮助优质视频在微信群中找到志同道合的人。

在公众号上也可以定期发布抖音短视频，将公众号中的粉丝引流到抖音平台上，从而提高抖音号的曝光率。在公众号上推广短视频的形式有很多，一般常见的有"标题＋短视频"和"标题＋正文＋短视频"这两种，无论用哪一种形式，都要把视频本身蕴含的道理和价值观呈现清楚，借助公众号这个平台传播视频的内容和思想，更有利于用户捋清短视频的主题。

2.QQ引流

作为最早的网络通信平台，QQ 拥有强大的资源优势和底蕴，以及庞大的用户群，这是抖音运营者不可或缺的引流阵地。QQ 也在不断完善的过程中增加了许多交流空间，有交流空间自然就有流量的存在，而抖音账号就可以借此机会见缝插针。

QQ 空间与微信朋友圈类似，是一个可以充分利用起来的媒介，运营人员可以通过在 QQ 空间分享链接进行推广、认证空间推广、生日栏推广、日志推广、说说和相册推广、分享短视频信息推广等。

QQ 上有一个独特的存在就是"兴趣部落"，QQ 兴趣部落是一个基于兴趣展开的公开主题社区。这一点和抖音的用户标签非常类似，能够帮助用户获得更加精准的流量，用户也可以关注 QQ 兴趣部落中的同行业达人，多评论他们的热门帖子，可以在其中添加自己的抖音号等相关信息，收集到更加精准的受众。

3. 微博引流

微博作为一个同样拥有巨大流量的平台，主要是通过文字和图片的形式进行传播的。近年来由于短视频的兴起，微博也开始往短视频方向发展。在微博引流最有效的方式有两种：@ 他人和热门话题。

通过微博进行推广时，@功能很重要。用户在发布微博时，可以在文字中 @ 明星、网红博主、媒体或企业号等，通过他人的影响力来提升自己的曝光量，如果被 @ 的博主回复了，就有机会得到对方粉丝及其他微博用户的关注，自身账号将得到大量的有效流量。

4. 音乐平台引流

抖音短视频属于音乐类短视频，与音乐是密不可分的，因此用户可以借助各种音乐平台来给自己的抖音号引流，常用的音乐平台有网易云音乐、虾米音乐和酷狗音乐。以网易云音乐为例，网易云音乐的目标受众是一群有一定音乐素养的、较高教育水平、较高收入水平的年轻人，这和抖音的目标受众重合度非常高，因此成了抖音引流的最佳音乐平台之一。

用户可以利用网易云音乐的音乐社区和评论功能，对自己的抖音进行宣传和推广。例如，抖音原创音乐人大多数都会通过在网易云发布歌曲来帮助抖音引流，徐秉龙就是一个例子，他在抖音上发布的歌曲包括《白羊》《青柠》《心事》及《鸽子》等都被粉丝广泛使用，其中《白羊》这首歌还获得了抖音"看见音乐计划"活动的第二名，徐秉龙在网易云音乐平台中对这首歌的宣传也做出了很多努力，通过在歌曲评论区与粉丝进行深度互动，推广自己的抖音账号，吸引粉丝前往抖音使用《白羊》作为背景音乐拍摄短视频，如图 8-24 所示。

在网易云平台中可以看到，抖音中的热门歌曲在网易云排行榜上的排名是相当靠前的，由此，大家也能看到评论推广是音乐平台引流的有效方法。除此之外，用户还可以利用音乐平台的主页动态进行引流，例如，网易云音乐推出了一个类似微信朋友圈的功能，如图 8-25 所示，用户可以发布歌曲动态、上传照片和发布文字内容，同时还可以发布抖音短视频，直接有效地推广自己的抖音号。

图 8-24　　　　　　　　　　　　　图 8-25

5. 百度引流

作为中国互联网第一搜索引擎，百度的流量池非常庞大。想要做好百度引流，必须先通过"百度收录"这一关，大家发布的内容如果被百度收录，是很容易带来流量的。抖音借助百度引流主要是通过百度百科、百度知道和百家号这 3 个途径，接下来进行全方位介绍。

（1）百度百科。

百度百科是百度公司推出的一部内容开放、自由、平等的网络百科全书，目的是打造一个涵盖各个领域知识的中文信息平台。百度百科平台有一个特点，那就是强调用户的参与和奉献精神，调动互联网用户的力量，汇聚互联网用户的智慧，从而进行交流和分享。通俗地讲，就是每个人都可以参与到百度百科中，每个人都可以编写百度百科。这对于企业来说，不仅可以提升粉丝量，还有助于打造自己的品牌。

大多数百度百科都包括"个人简介""基本信息""获奖经历"等内容，如图 8-26 所示为"华为技术有限公司"的百度百科信息。企业在编写时也可以按照这种模式，但需要注意的是，在内容编写的过程中要始终把握客观、真实、谦虚这样几个要点，切不可为了包装自己而编造虚假、自夸的信息。这样的信息，一方面很难通过审核；另一方面也很难让他人信服，难以吸引粉丝。所以，在编写百度百科内容的时候，最好能够站在他人的角度，在表达自己的特长、成绩、荣誉等时融入自己的业务，这样才会取得较好的效果。

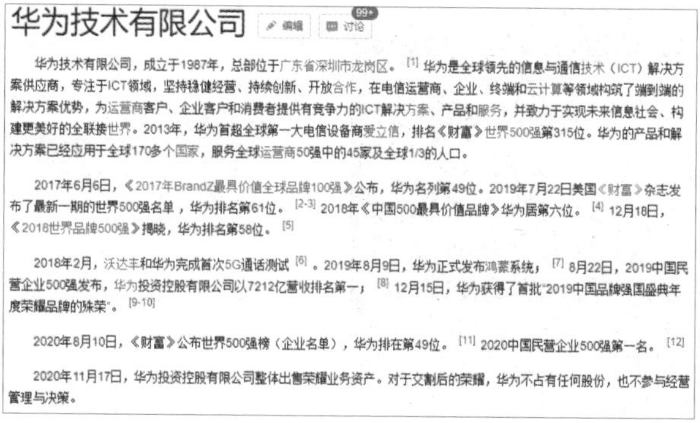

华为技术有限公司 编辑 讨论 99+

华为技术有限公司，成立于1987年，总部位于广东省深圳市龙岗区。[1] 华为是全球领先的信息与通信技术（ICT）解决方案供应商，专注于ICT领域，坚持稳健经营、持续创新、开放合作，在电信运营商、企业、终端和云计算等领域构筑了端到端的解决方案优势，为运营商客户、企业客户和消费者提供有竞争力的ICT解决方案、产品和服务，并致力于实现未来信息社会、构建更美好的全联接世界。2013年，华为首超全球第一大电信设备商爱立信，排名《财富》世界500强第315位。华为的产品和解决方案已经应用于全球170多个国家，服务全球运营商50强中的45家及全球1/3的人口。

2017年6月6日，《2017年BrandZ最具价值全球品牌100强》公布，华为名列第49位。2019年7月22日美国《财富》杂志发布了最新一期的世界500强名单，华为排名第61位。[2-3] 2018年《中国500最具价值品牌》华为居第六位。[4] 12月18日，《2018世界品牌500强》揭晓，华为排名第58位。[5]

2018年2月，沃达丰和华为完成首次5G通话测试[6]。2019年8月9日，华为正式发布鸿蒙系统；[7] 8月22日，2019中国民营企业500强发布，华为投资控股有限公司以7212亿营收排名第一；[8] 12月15日，华为获得了首批"2019中国品牌强国盛典年度荣耀品牌的殊荣"。[9-10]

2020年8月10日，《财富》公布世界500强榜（企业名单），华为排在第49位。[11] 2020中国民营企业500强第一名。[12]

2020年11月17日，华为投资控股有限公司整体出售荣耀业务资产。对于交割后的荣耀，华为不占有任何股份，也不参与经营管理与决策。

图 8-26

百度百科的引流主要在于内容，有些人会选择将自己的电话、微信号等联系方式直接放在百度百科中，这是不行的，因为百度百科是严禁加入任何联系方式的。所以，为了达到引流的目的，只能采用隐蔽的方式引导浏览者去搜索品牌信息，从而找到企业号，达到引流的目的。

（2）百度知道。

百度知道是由百度自主研发，基于互动形式的问答知识分享平台，用户可以根据自身的需求，有针对性地提出问题从而得到答案。在百度知道做推广，无非就是看中其排名和权重。

想要通过百度知道进行引流，常用的有两种方式：一种是采用自问自答的方式来引流；另一种就是通过回答他人问题来引流。

※ 自问自答模式。首先来看一下如何通过自问自答的方式进行引流，首先可以用一个账号进行提问，在回答问题时，为了使账号排名靠前，获得更多曝光量，建议用另一个等级高的账号寻找这个问题，并进行回答。回答内容要具有原创性和专业性，可参考百度百科或者百度经验。值得注意的是，提问和回答时的两个账号 IP 最好是不同的，否则当系统检测到这一操作行为，账号就会面临封号的危险。

※ 回答他人问题。还有一种方式就是在他人的问题下方进行评论，需要注意的是，最好选择与自身账号领域相关的话题进行回复，这样更容易获得系统推荐。

（3）百家号。

百家号是由百度专为内容创作者打造，集创作、发布和变现于一体的内容创作平台。内容创作者在百家号发布的内容会通过百度信息流、百度搜索等分发渠道影响亿万用户。

百家号作为百度的系列平台，有着巨大的流量优势，但审核机制也更加严格，如何做到精准引流又不违反平台规则呢？下面介绍几种常用的引流方式。

※ 文末引流：众所周知，因为严格的审核机制，在百家号想要做好推广是不容易的，直接放推广内容肯定是不被允许的，所以只能利用好文章末尾，

添加委婉一点的引流话术，但是整体文章一定要是纯干货，这样一般平台是会予以通过的。

※ 评论区引流：如果大家不敢冒着扣分和审核不通过的风险进行第一种引流，那么可以采取第二种技巧，就是在评论区进行引流。当然想要在评论区引流取得很好的效果，首先就要保证文章的质量和吸引力，只有好的文章，吸引读者的文章，评论区才能集聚人气并实现引流的目的。

※ 私信引流：在私信中是可以发送数字以及数字加字母的，建议微信留数字加字母的，即使没有明确地打出来"微信★★★★"，而只是说"找我★★★★"，一般情况下用户也是会明白的。当然，这是在有用户主动私信的情况下。

拓展讲解

如果文章是比较有"干货"的，有知识点的，用户看完有不懂的地方自然会私信咨询，另外，也可以在文末加上一些引导私信的话语，如"有问题欢迎随时交流，有问必答"。

※ 视频引流：视频引流是目前较火的一种方式。相对于文章内容审核的严苛，百家号对视频无疑是偏爱的，同时也鼓励创作者积极创作视频内容。百家号对于视频内容的审核要宽容得多，一般只要不存在一些敏感词汇，都是可以通过的，所以用视频引流，是一个相对安全且高效的方式。用户可以选择直接在音频或者字幕上添加相关推广内容，添加的内容尽量不要太突兀，自然易接受最好。

6. 今日头条引流

做自媒体的人大多数都玩头条号，因为今日头条是目前这么多自媒体中流量排名数一数二的平台，其用户量高达 5.5 亿，在 2020 年 6 月的综合资讯中以日活量 1.2 亿位居行业榜首，所以无论是通过今日头条做自媒体收益还是用来引流，都是值得去做的一个平台。

（1）文章引流。

首先设计好一个吸引人的文章标题，符合头条的两段式或者三段式标题；其次文章内容要与标题相符，不能有太大出入。只要是能表达自己的观点，或者提供"干货"的原创文章都会获得不错的推送；最后，在文章结尾的时候，可以加一些引导性的话术，引导读者私信、转发，或者关注。但建议不要要求过多，操作不要太复杂，现在主流的引导话术就是送资料。附送的资料可以提前整理出来，如果没有资料，也可以到网上购买，或者自己花时间整理。

例如一篇文章写的是关于某话题的内容，想要引起读者的注意，可以用免费送电子书的方式来引流。那就可以在文章的底部留一句："私信 + 联系方式，免费送

XXXX"。这个方法需要在后台私信功能中添加相关的关键词和引导语，当粉丝私信打出关键词时，平台就会自动推送一段广告语，从而把头条粉丝引到微信或 QQ 上。

（2）评论引流。

评论引流是在大部分平台都值得一用的一种引流方式。评论引流有两种形式，首先在大 V 的文章下面留言评论引流，关注自己精准客户所关注的大 V 号，在拥有大阅读量的文章下面进行评论。评论要走心，观点要有新意，留下诱饵信息引导他人私信。第二种是在自己的文章下方评论引流，可以让朋友帮忙留言，也可以用自己的其他账号留言。

[03]　涨粉留粉：粉丝决定账号基础

有些人可能不明白"涨粉"的意义，首先要明白抖音的运行机制，平台对视频的推广度取决于本视频获得赞的数目，也取决于账号的粉丝数目；其次，抖音界面中设有单独的"关注"栏，粉丝越多，那么视频被看到的概率就越大。

算法涨粉：巧用平台算法实现快速涨粉

抖音算法推荐机制，是建立在今日头条的算法推荐机制基础之上的。意思是，用户从注册抖音账号开始，系统就会为用户推送不同类型的视频，并根据用户在每个视频上停留的时长、点赞、评论和转发数据，统计用户感兴趣的视频，然后根据用户的行为推荐其感兴趣的视频。所以大家会发现，平时看的抖音短视频，基本上是自己感兴趣的内容。如果经常看今日头条的小视频会发现，该平台的推荐机制也是如此。

只要发布了视频，抖音平台就会自动分配精准流量，为用户带来曝光度，收获粉丝及关注度。用户只需知晓抖音的推荐算法，然后围绕着算法制作 15 秒视频，并不断地去优化这 15 秒的内容，流量会越来越大。

抖音推荐算法有 4 个好处。

※　让每个有能力做出优质视频的抖音创作者，得到与百万粉丝、千万粉丝大号公平竞争的机会，不会由于用户刚来，就遏制用户发展。

※　遏制了抄袭、用户不感兴趣的视频发展，针对这类内容，要么限流，要么不通过审核。

※　放任原创、优质视频的传播，尤其是垂直定位的抖音号更受用户欢迎，受到平台的优待。

※　帮助真正想玩抖音的人优化视频，获得更大的曝光量；辅助优质创作者"涨粉"、赚钱，为优秀创作者提供各种福利政策。

抖音的算法主要体现在 3 个层面：消除重复、双重审核和兴趣匹配。

1. 消除重复

消除重复，顾名思义，就是平台会自动清除重复的视频。

抖音会通过以下两种方法判断视频是否重复。

※　使用别人的账号发布在自己账号的视频，这种行为会被定义为重复发布。

※　发布与其他人作品相似度极高的视频。例如两个视频内容只有一部分画面不一样，就很容易被定义为"重复"。虽然重复发布别人的视频不可以，但是可以重复发布自己的视频。在抖音上，经常可以看到标题文案写有"发第二遍会火"的视频，如图 8-27 所示，这些视频很可能被发布了两遍以上。

图 8-27

重复发布自己的视频，一般有两种情况。一种是发布者觉得这条视频拍得很好，应该能火，但是第一次发布时没有上"热门"，点赞评论没有达到预期效果，于是会发第二遍来验证效果；另一种是这条视频在第一次发时就火了，播放量点赞量都很高，也获得了很多粉丝关注，于是发布者想再发布一次，看看能不能二次吸引粉丝，获得更多的关注。

虽然可以重复发布自己的视频，但要注意，不能连续重复发布多条视频，而应尽量隔几条视频再发，否则会降低粉丝黏性。此外，不能搬运他人视频或者其他平台发布过的视频，例如电影片段视频直接搬运、名人访谈之类，不加自己点评的都不可以发布。

在早期抖音平台监管不严时，很多账号通过搬运其他平台现有视频获得大量粉丝，造成抖音上出现很多类似，甚至相同的视频，这种行为严重点说就是抄袭，是现在用户最反感的一样行为。所以抖音平台也会越来越重视保护原创视频内容，对于搬运他人视频的行为，抖音会逐渐加大打击力度。

2. 双重审核

抖音审核分为机器审核和人工审核两种。因为抖音上每天发布的视频太多，信息量巨大，所以绝大部分视频是交由机器审核的。少部分视频机器难以判断，人工审核才会出现进行人工干预。发布过视频的人应该知道，视频发布后会显示"审核中"标识，这时视频进入机器审核环节。机器审核会通过对视频画面、声音及标题等内容的提取，匹配系统数据库，看是否存在违规的关键词。一些违反法律内容，冒用抖音官方名义的内容，低俗的内容，有二维码或电话、外部链接等诱导用户的内容，绝对无法通过审核。

在抖音，每天都有成千上万的新作品上传，纯靠机器审核容易被钻空子，纯靠人工审核又不太现实。因此，双重审核成为抖音算法筛选视频内容的第一道门槛。

机器审核一般是通过提前设置好的人工智能模型来识别视频画面和关键词，它主要有两个关键作用。其一，审核作品、文案中是否存在违规行为，如果存在疑似，就会被机器拦截，通过标黄、标红等提示人工注意；其二，通过抽取视频中的画面、关键帧，与抖音大数据库中已存在的海量作品进行匹配"消重"，内容重复的作品进行低流量推荐，或者降权推荐（如仅粉丝可见、仅自己可见）。

人工审核主要集中在 3 块：视频标题、封面截图和视频关键帧。针对机器审核筛选出疑似违规的作品，以及容易涉足违规领域的作品，抖音审核人员会逐个细到审核。如果确定违规，将对违规抖音账号进行删除视频、降权通告、封禁账号等处罚。

此外，当视频播放量达到平常视频播放量的 100 倍以上，也就是视频成为爆款时，视频将会被再次审核。例如发布的一条视频在第一次审核时通过了，播放量超过 30万，远远超过平常视频的播放量，这时视频进入二次审核时，系统提示视频中出现了平台不提倡的画面，例如抽烟、赌博等行为，就不会通过二次审核，也就相当于下架了。当机器无法做出准确判断时，人工审核就会开启干预，不合适的内容也许在第一次能逃过机器审核，但绝对逃不过人工审核。所以，大家在做视频时，千万不要怀有侥幸心理，一定要严格遵守作品发布规则。

抖音算法机制一共分为两步，智能分发和扩大推荐，下面进行具体介绍。

（1）智能分发。

如果没有关键词违规或者画面问题，系统会结合关键词匹配 200~300 人（观众），也就是通俗所讲的"初始流量池"。在视频发布之后，系统会根据视频内容为视频加上标签（如旅行、美女、美食、重庆、西安、海岛等），再由机器小范围的推荐给可能会对视频标签感兴趣的人群，计算在单位时间之内观众的评论、点赞和分享数。

> **拓展讲解**
>
> 　　具体公式是：热度＝A×视频完播率＋B×评论数＋C×点赞数＋D×分享数，系数 A、B、C、D 会根据整体的算法实时微调，大致上，播放量（完播率）＞点赞＞评论＞转发，这是首次推荐。

（2）扩大推荐。

如果视频经过第一次推荐得到了比较好的观众反馈，那么视频将会被推荐给更多的潜在观众，这称为"扩大推荐"。机制跟第一次推荐一样，这次触达的观众人数大概是 1000~5000 人。

如果第二次推荐的反馈较好，那么平台将推荐第三次，第三次就能获取上万或者几十万的流量，以此类推。要是反馈依然较好平台就会以大数据算法结合人工审核的机制，衡量内容可不可以上"热门"。

拓展讲解

根据"故意走红做号"的实操经验，一般一个视频发布 1 小时内，视频播放量达到 5000 以上，并且点赞数高于 100，评论数高于 10，基本上就能上"热门"了。所以，请牢记以下这串数字：1-5000-100-10。这指的是发布的视频，最好能在 1 小时之内，播放量突破 5000，点赞量能大于 100，评论数大于 10。这样一来，得到系统推荐的概率就大很多了，基本上离"热门"也不远了。

3. 兴趣匹配

今日头条有一句广告语："你关心的，才是头条"。相信大家无论在抖音中还是今日头条中，都能感受到这一点。当打开今日头条 App 时，每个人的首页推送的新闻是不一样的，但一定是自己感兴趣的，这就是 App 根据算法来推荐的。

抖音作为今日头条的兄弟产品，沿用了今日头条的强大算法。当用户在观看短视频时，完播率、点赞量、评论量、转发量这些数据都会证明用户对哪类视频感兴趣，系统会把用户的喜好记录在数据库中。当用户下次打开抖音时就会发现，推荐页的大部分视频都是自己感兴趣的，仿佛是量身定制的，用户体验非常好，这就是抖音大数据的体现。

抖音算法会把用户与其兴趣相匹配，让用户在 App 上看到的视频都是自己喜欢的，这就会让用户有一种 App 很懂自己的感觉。这种算法在提升用户体验感的同时，也方便视频增加曝光量。所以，在做视频时，可以根据观众的喜好来写文案、拍视频。可以通过观察推荐页的高点赞视频，分析这类视频有什么特色，以明白观众对视频的喜好方向。

粉丝质量：精准吸引高质量粉丝群体

粉丝数量固然重要，但更要注重质量，这样才有利于账号后续的变现。高质量的粉丝要对账号忠诚度高、黏性强、互动频繁，会持续不断地关注账号的动态，变成"铁粉"，到账号开始变现时，这些粉丝也会买单，提高销量。

想要精准地吸引高质量的粉丝，有 3 个因素必须要了解：长期价值、从众效应、主动出击。

1. 长期价值

长期价值是指粉丝感觉能长期通过账号获取的更多的价值，这就需要视频数量足够多。例如，假设有两个账号，其发布的视频内容一样，都是剧情类视频，就连演员、演技、画质都一样。但是其中一个账号有 100 条视频，而另一个账号只有 2 条视频。相信绝大部分人肯定会优先选择关注有 100 条视频的账号。因为相比之下，这个账号既然有 100 条视频，说明账号一定在长时间更新，基本来说不会断更很长时间。就算有一段时间不更新，100 条视频也足够看很长一段时间了，这就是上文所说的长期价值。

长期价值可体现在粉丝对账号的期待值。只有这个账号持续更新视频，或者积累了足够多的作品，用户才有可能关注这个账号。相反，如果账号只有一条视频，就算这条视频做得非常精致，用户很喜欢这条视频，那么用户只需要点赞或下载这一条视频就足够了，没有必要关注这个账号。所以，在很大程度上，账号的长期价值在于用户是否关注，用户关注了，这个账号就有了长期价值。

提高账号长期价值的方法很简单，那就是提高视频的更新频率，将个人主页的视频累积起来就可以了。当大家点进某个账号的个人主页时，会发现视频作品按照每行 3 条的样式排列，大约有 3 ~ 4 行的视频就可以铺满整个手机屏幕，如图 8-28和图 8-29 所示。对用户来说，视频至少要铺满手机屏幕，这个账号的视频才不算才会有长期价值，所以一开始运营一个抖音新账号的时候，要尽快做出 9 ~ 12 条视频。如果每周更新一条视频，意味着至少要用 9 周才能营造长期价值，时间显然太长，粉丝也等不起。如果这个新账号每天更新一条，那么两周就能营造长期价值。所以在运营新抖音账号之前，一定要多准备一些视频作品，提高发布频率，尽快发出9 ~ 12 视频。有了长期价值，即使降低更新频率，对账号也不会产生太大的影响。

图 8-28

图 8-29

2. 从众效应

通俗地讲，从众效应指的就是"随大流"。每个人或多或少会受到从众效应影响，跟随别人的想法去做一件事情，去选择更多人选择的那个选项。例如，淘刷单就是利用人的从众心理，在逛淘宝买东西时，有些人不知道该买哪一家的产品就会按照销量排序购买商品，销量越高，买这个商品的可能性就越大，这就是从效应的影响。

那要怎么用好从众效应来获取高质量的粉丝呢？这里提供两个途径。

（1）系统推荐。

刷抖音时大家会发现，系统推荐的视频大多数是热度很高，点赞数几十万甚至上百万的视频。虽然看不到这些视频的实际播放量，但一般而言，播放数都是点赞数的 50 ~ 100 倍。也就是说，如果一条视频点赞数为 100 万，那么它的播放量应该在 5000 万 ~ 1 亿之间，相当于 5000 万 ~ 1 亿人观看了这条视频。

因此可以推断系统推荐的视频都有着非常高的播放量，是大家都喜欢看的，创作者就能够从系统推荐的视频中判断抖音用户更喜欢哪一类视频。

（2）主动挖掘。

以游戏挑战类账号为例，拥有 200 多万粉丝的抖音账号"小潮院长"，如图 8-30 所示，该账号的视频内容相对来说有点杂乱，有"不要做"挑战，还有与老板互换身份，但是主要视频内容是"不要做"挑战这种整蛊游戏，内容独特且十分搞笑，如图 8-31 所示。通过观察账号会发现，"不要做"挑战相关作品的点赞率不错，最少 30 万，最多可达到 219 万，这说明这个系列是一个很棒的爆款。通过这些数据可以推断，在所有游戏挑战视频中，粉丝更喜欢整蛊游戏这类的视频。那么，在同样做游戏挑战类账号的情况下，制作整蛊游戏挑战的视频就能让更多人喜欢，也能获取更多高质量的粉丝。

图 8-30

图 8-31

3.主动出击

（1）关注粉丝的需求。

在运营账号的过程中，如果发现有些粉丝经常给自己的作品点赞，甚至评论、转发，那么这些粉丝就是大家常说的"真爱粉"，是真心喜欢视频作品的人群。大家要记住这些粉丝，同时应该与他们多进行互动。例如，可以通过回复他们在视频评论区的评论或者私信，问问他们对什么话题感兴趣。以此话题为方向制作视频，不仅能给自己的视频创作提供灵感，还能满足"真爱粉"的需求，让粉丝看到创作者对他们的重视，也能让粉丝传播自己感兴趣的视频，让账号被更多人知道，从而吸引更多人的关注。

（2）主动"引流"别人的粉丝。

一个视频质量的好坏可以根据4个要素来判断，分别是完播、点赞、评论和转发。大家可以查看自己的视频被哪些用户评论和转发了，然后进入这些用户的主页，通过个人主页的喜欢列表，就能知道他们的兴趣爱好。这时可以通过回复评论或者私信的方式，把这类用户转化成自己的粉丝。

互动留粉：掌握互动技巧提高粉丝黏性

对于创作者而言，即使是账号被粉丝关注了，但粉丝并不一定会一直观看账号后续更新的视频。如果粉丝仅是关注而不看后续更新的作品，那么这类粉丝就会变成没有任何互动的"僵尸粉"，这样的粉丝对账号没有任何价值。所以各位创作者要做的就是调动粉丝的积极性，让粉丝多与账号互动，让粉丝多看视频，并积极点赞、评论和转发，加强粉丝与账号的关联性。

下面介绍3个简单的与粉丝互动的技巧。

1.及时跟进

把粉丝当成朋友，与他们聊天时有问有答，毕竟这样的互动才是有效的、令人舒服的。虽然抖音是网络平台，用户与用户之间互不相识，但用户还是很希望在抖音上发表的评论和私信是能得到回复的，而且回复越及时，用户体验感就会越好。例如抖音账号"大狼狗郑建鹏＆言真夫妇"，他们会时常回复大部分粉丝的评论，而且很有礼貌，亲切的互动深受粉丝喜爱，如图8-32所示。

图8-32

拓展讲解

> 只有在足够信任账号或渴望回应的情况下才会评论和私信创作者。如果创作者一直没有回复，就会让他们的期待落空，粉丝黏性及依赖度也会大幅降低。相反，如果创作者能经常性地及时回复，不仅可以满足粉丝的期待，也会让他们认为自己得到了尊重和重视，会更加发自内心地喜欢创作者的作品。

2.注意语气风格

无论是个人号还是企业号，都要有一个固定的风格，并用这个风格写脚本、拍视频，贯穿始终，因为风格反映了这个账号的人设或定位。

与粉丝互动时，应保持人设或定位，互动风格要与整个账号的风格保持一致。例如，抖音账号"酋长"是一个以创作搞笑类视频为主的账号，那么其创作者在回复粉丝评论时，肯定也以搞笑风格为主。如果一个搞笑账号的回复风格一板一眼，那么用户就会觉得很奇怪、很不习惯。同样，如果是机构组织类或者科普类的账号，主体风格一般会偏严肃，回复就不能太活泼，否则会显得格格不入。

所以，无论是运营个人号还是企业号，一定要注意，在回复评论或私信时，语气风格要与账号的人设定位保持一致，避免让粉丝感到违和、不适应。

3.重点优先

对于一些重要的评论，一定要优先回复。在刚开始运营账号时，粉丝较少，尚且可以做到回复每条粉丝评论，但后期账号越做越大，粉丝和评论也会随之增多，一条视频的评论可能会有成千上万条，想必大家都没有足够的精力和时间去逐一回复。这时，创作者就要灵活筛选一些重要的评论，优先回复。这样挑重点才能维护粉丝，加强与粉丝的联系。

（1）和你互动频繁的粉丝的评论。

作为运营者，要留心观察哪些粉丝经常为作品点赞或评论，尽量记住他们的名字和头像。当他们为视频评论时，尽量在第一时间回复。照顾好老客户才会带来更多的新客户。

（2）给你提意见的粉丝的评论。

有些粉丝不仅喜欢评论，还很善于表达自己的想法，例如本次视频内容有哪些不好的地方，下次想要看什么样的视频，都会私信或者在评论区中表达。对于创作者来说，这类粉丝非常重要。在网络上，创作者与粉丝彼此没有见过面，但粉丝仍然愿意花时间和精力向创作者提出意见，说明粉丝在乎这个账号，希望账号做得更好。因此，对于这类来之不易的粉丝，一定要好好珍惜，对他们的需求及时做出反馈。

（3）有名气的人的评论。

有名气的人一般分两种：一种是在某领域中大家都听说过的人，这样的人在抖音上也许粉丝不多，但是有名气，例如粉丝数较少的明星；另一种是没听说过且不认识的一个博主，但其粉丝数达几十万甚至上百万的人。

在运营抖音号的过程中，大家可能会遇到以上两种有名气的人来给视频评论的情况。这些人都有比较大的流量，他们的评论很可能会给账号带来粉丝，增光添彩。所以对于这样的评论，大家要重点回复，以表示对他们的重视和尊敬，并让其他粉丝看到互动，以提高账号的质量。

（4）有负面情绪的粉丝的评论。

这里的负面情绪，不仅体现在粗俗的评论、伤心或失落的心情表达上，还体现在粉丝对视频内容的不认同上。对于这类评论，也需要重点回复。就像人们对于明星的态度可能是喜欢或不喜欢，再好的明星也会有黑粉，人们对同一个视频作品也难免会发出不认同的声音。如果不及时回复这些消极的评论，那评论就可能被更多人看到并认同。毕竟消极情绪比积极情绪蔓延得更快，而且很容易让粉丝觉得创作者对这些情绪无论不顾，会破坏现有粉丝对账号的印象和好感。对于消极的情绪，创作者要适当安抚，传播正能量，降低负面情绪的影响。对于不认同的声音，要用真诚的话语去分析和表达自己的论点，尽量做到以理服人。

4. 内容互动

拍视频的时候可以准备一些引子，例如在故事里安排具有两面性的观点，激起粉丝的讨论，或者用实用的干货做引子，激发粉丝的好奇心和求知欲。也可以在视频中提出一个问题，引导粉丝思考和回答，还可以在视频结尾处做一些预告等。

5. 评论互动

在作品发布之后，预埋一些有意思、有争议的评论，制造一些梗来吸引粉丝进行讨论。同时，要及时回复粉丝评论，对于精彩评论要认真地做引导式的回复。

6. 私信互动

可以在私信中进一步与粉丝沟通，把有意思的私信做成视频。

7. 文案签名互动

在作品发布的文案中预埋一些有讨论性的话题，多用疑问句和感叹句。在账号签名上预告下一个作品的发布时间或直播时间。

8. 直播互动

用一场充满乐趣和价值的直播来展示自己，拉近与粉丝之间的距离。直播互动的技巧五花八门，可以送福利，可以发红包，也可以连麦和粉丝沟通交流等，但是不能偏离和粉丝互动的本心，要让自己的角色深入人心。

抖音直播：短视频的变现风口

网络直播是时下备受年轻人喜爱的一种新型内容传播方式。网络直播具备独特的优势，例如表现方式多样、互动性强、体验好、受众范围广、时空适应性强等。基于这些特性，网络直播逐渐成为引流和吸粉的强劲渠道之一，作为短视频平台的领头羊，抖音近两年也跟随潮流大力推进平台直播板块的发展，为众多平台用户开拓了一条新的红利渠道。

[01]　直播风口：吸取流量和粉丝的必要手段

如今直播大军盘踞的平台主要有以抖音、快手等为代表的短视频平台，以及以淘宝、蘑菇街等为代表的电商平台。相较而言，短视频平台的核心优势是流量多，电商平台的核心优势则是丰富的商业生态——商家多、商品多。

直播优势：取代传统媒体的全新变现方式

直播内容发布门槛低，直观性和互动性比传统的纸质或视频媒体更强。直播的多样性使各平台更加垂直、丰富，通过这种"所见即所得"的形式，直播方与粉丝的互动和沟通变得更为紧密，下面为大家介绍直播的几个显著优势。

1. 真实性：现场直播等于事实真相

直播可以直接呈现事件的全过程，让信息来源变得更加真实可靠，尤其是针对一些社会热点事件，通过现场直播更容易让大众明白事件的整个过程。网络直播的即时性使内容更加真实，展现出来的信息是看得到、听得到的，所以比传统的文字、图片信息更符合大多数人的心理预期。

2. 传播性：更有利于信息扩散

网络时代，直播作为微社交时代的新型社交方式，由于融合了文字、语音、画面等多种表现形式，内容观赏性更强，适宜人群更广。因此，在传播性上比传统传播方式具备更大的优势，传播范围更广，传播速度也更快。

3. 社交性：融互动、有趣于一体

纵观大多数网络直播平台，无一例外都带有一点社交性。即使定位不同，针对的人群不同，功能有所差异，例如主播和粉丝之间的互动，粉丝与粉丝之间的互动，但都是以社交为基准的。不难看出，其实很多新媒体平台都具备社交属性，大多数平台都是先具有社交功能，再向其他功能延伸开发的。

4. 平台性：容易形成特定的圈子

直播由于依托的人群不同，已逐步形成了各式各样的直播圈子。特定的圈子文化使直播平台能够建立更深层次的社交关系，让人们的社交关系得到沉淀和扩散，增强用户和平台之间的黏性。目前直播平台常见的社交圈有秀场圈、游戏圈、泛娱乐圈等。

5. 分享性：可将视频分享到多个平台

直播之所以能火爆，主要原因在于它所承载的平台是一个开放式的平台。用户基于平台可进行上传、互动、分享等行为，视频上传者与观看者、分享者之间形成了一个完美的闭环，即主播现场直播，供观看者在线观看；观看者对直播内容发表自己的观点、看法、评论，并与主播、上传者或其他受众互动；观看者在观看完视

频之后，可将自己感兴趣的，或者对自己认为有用的信息进行分享，分享到自己的直播账号，或转发给第三方。

6. 帮助账号获取新粉丝

直播的方式非常简单，通过在智能手机上下载软件并注册平台账号，完成认证后即可直播。开通直播的成本非常低，如果内容足够精彩，吸引粉丝关注和互动就只是一个时间问题了。直播不受时间和空间的限制，其传播范围非常广泛，基于其互动性强、黏度高等特点，许多主播利用直播平台的粉丝，为商品及活动引流，并达到变现的目的。

企业或个人要想凭借直播赚取可观的收益，引流就显得至关重要了。根据直播活动的时间，可将直播活动划分为直播前、直播中、直播后这 3 个阶段，根据不同阶段进行引流，可达到精准"吸粉"的目的。

（1）直播前。

直播前的引流非常重要，因为好的开始是成功的一半，这是提升粉丝数量的重要阶段。在直播前，可将直播信息一键分享到微博、朋友圈、QQ 空间等社区平台，以及微信公众号、微信群、QQ 群等社群板块，这样是为了最大限度地吸引粉丝进入直播间。

与此同时，还可以选择一些相关平台进行合作。举个例子，如果大家的产品是运动类产品，那就可以找一些体育类的直播平台来合作，通过平台的宣传让更多人知道这场直播活动，增加观看人数，达到引流目的。

> **拓展讲解**
>
> 直播平台一定要设置一个引人瞩目的主题和图标，因为打造良好的外在形象可以很好地宣传自己，能更高效地达到引流的目的。

（2）直播中。

简单来说就是直播内容的具体展现。在这个"内容为王"的时代，粉丝的留存很大程度上取决于内容的优劣程度。在做好内容的基础上，要做好直播间的互动，促成在线成交，这也是二次引流的关键。

刚开始直播的半个小时，可以做一些预热活动，通过一些优惠活动来吸引粉丝，让粉丝把直播活动信息分享出去，这样可以带来更多的粉丝观看直播。拼多多之所以成功，就是利用了微信 10 亿用户裂变的原理。

> **拓展讲解**
>
> 直播最大的优点就是互动性强，直播时可以提醒粉丝时刻关注直播间，利用红包、优惠、抽奖、秒杀等一系列活动来增加粉丝的停留时长，增强粉丝的黏性，这样既可以提高粉丝在线流量变现，又可以为二次引流做铺垫。

（3）直播后。

直播结束后，要做好客户数据分析和活动的总结。活动结束后，要及时跟进订单处理、奖品发放等，确保客户的满意度。做好了粉丝的维护，可以增加老客户的复购，良好的口碑还能引起新用户的关注。此外，后期可以对直播视频进行二次剪辑，包装到推文中或做成精彩的短视频发布到个人账号中，让每个有兴趣的受众都能关注到，并分享到自己的社交圈，带来更多的流量。

7. 提高粉丝活跃度及留存率

直播间有一部分粉丝属于公域流量粉丝，这部分人往往对账号缺乏了解和黏度，在直播间的留存率较低。留存率较低会反向影响到更多的公域流量进入直播间，因为抖音直播上热门的推荐规则为"赛马机制"，会根据直播间一些动态数据来衡量直播间值不值得被推荐，并衡量直播排名是靠前还是靠后。

因此，大家要想办法吸引住这些公域流量，让这部分人在直播间停留的时间长一点，这样才有机会转化粉丝，让粉丝产生购买行为。下面就介绍几种吸引公域流量粉丝的方法。

（1）送福利吸引停留。

在直播间定时定点设计福利活动，例如在开场时介绍："宝宝们，主播在 6 点半会给大家发一波福利"，提醒粉丝蹲点守候。另外，直播间买一送一、拍一发四、定点秒杀、组合产品特惠、抽奖、送礼、红包等活动，都可以灵活地在直播间中穿插运用。

在抖音平台中直播需要注意，主播不可以进行抽奖玩法，否则会被系统封禁。

（2）直播内容吸引停留。

在直播时，主播可以结合自己的故事或经历来介绍产品，或者传递一些正能量的观点和看法，引起粉丝聆听的兴趣，就能有效地吸引用户停留直播间。

除此以外，主播对于产品的讲解可以更为深入，从不同角度讲解产品的使用方法、作用原理、产品配方、材料等。同时要营造诱发粉丝停留的电商氛围，例如主播不停地引导粉丝在直播间"买到赚到""价格实惠""库存有限"等，营造出一种大家都在抢购、价格非常划算的氛围，这样一些刚进来的粉丝也会驻足停留一下，看看到底是什么产品，有什么优惠活动，从而提升直播间的粉丝留存率。

（3）娱乐玩法：IP 属性 + 讲解生动 + 添加秀场类玩法。

IP 属性的作用在于，帮助粉丝通过短视频对创作者有一个初步的印象和了解，并吸引粉丝进入直播间，在直播间近距离、及时地感受主播的人格魅力。

为了强化个人 IP 属性，在讲解产品时，主播要敢于塑造自己的个人风格，或幽默或风趣或夸张，另外，还可以在直播带货过程中穿插一些个人才艺表演，例如唱歌、跳舞等，这些都是粉丝喜闻乐见的形式。

8.提高内容分享率

要想为直播间带来更高的人气，就要基于已有的人气，提高内容的分享价值，引导粉丝将内容分享到其他平台或其他用户，为直播间带来更多的流量。下面介绍几个提高内容分享率的技巧。

（1）体验优势。

相比于传统电商经营模式，直播带货能够更立体、全面地展示产品特点，而且能够在直播间与粉丝形成良好的互动；相较于线下门店，直播带货具备不受时间和空间限制的优点，许多足不出户或个人时间较少的人，就可以通过直播间满足自己的购物需求。

（2）价格优势。

一次面对着成千上万人的销售，却不需要担心场地的限制，这简直就是线上团购模式的翻版，因此直播带货在商品价格上有着绝对的优势，为了吸引并刺激粉丝下单，主播必然要给出一个具有竞争力的价格，越是大牌的主播越能跟供应商谈到一个足够低的价格。

（3）时间优势。

任何一个产品都有其生命周期，直播带货这种新玩法还处于快速发展的阶段，到底什么样的产品适合带货，直播带货又能走多远？对此，大部分人还是抱着积极乐观的态度观望的，例如此前薇娅直播间销售"火箭"，无论是出于噱头还是新销售模式的尝试，都给了人们更多的信心。

（4）资源优势。

如今，直播带货已经不仅是厂商和个人创业者的自救之路，也成为了各大平台打造竞争优势、建立壁垒的重要筹码。从淘宝推出基于当前位置的直播带货服务，到抖音邀请企业家罗永浩为抖音直播站台，各大直播带货平台之间的交锋才刚刚开始。为了更好地引流，各直播平台及直播间主播势必要紧跟时代潮流，邀请一些人气明星来为直播间站台、打气，这样才能更好地吸引粉丝围观。对于普通主播来说，则要慢慢积攒自己的经验及人气，当主播在直播平台具备一定的粉丝基础后，才有机会揽到更多的资源。

9.提升平台社交属性

直播走入人们的视野后，带给了广大企业及商家新的销售灵感，社交零售与直播的碰撞，是在消费者行为引导下所产生的必然结果。

在社交平台上做直播带货，想要有效地将二者融合，需要借助专业的工具来支持，同时要具备直播与零售兼容的运营思维。

（1）直播＋社交零售成就直播新零售模式。

直播的优势有很多，例如品牌人格化更加突出、商品更加丰富、上新更加高频、内容更具实时互动性、销售更加场景化等，直播这种双方互动的模式，让消费者在线上体验到了"到店"的感觉，不仅提升了商品的曝光率，还让消费者充分了解到了商品属性，也拉近了消费者与商家之间的距离。在直播环节中，主播不仅扮演了销售和客服，还是商品使用者，许多主播会亲身试用产品，这样更容易增加消费者的信任感，带动消费者的购买欲。

（2）双层直播分销系统实现线上社交零售。

在新冠疫情的影响下，全球经济体或多或少地受到了冲击，人们的购物方式逐渐发生改变，企业商家开始纷纷转型线上。在竞争如此激烈的销售环境下，零售商若想突破销量就必须采取创新的营销手段。

基于这种大环境，直播分销给众多零售商找到了销量的突破点。时下很多品牌企业都开拓了直播业务，同时为了取得更多业绩，开始打造直播分销线上的社交零售、直播互动，将产品细节展示得更加全面、真实，进一步获取消费者的信任，而社交的关键就是建立良好的信任关系。所以依靠直播的方式，更有利于粉丝转化、发展社群，达到直播分销的目的。

如今的快节奏时代，直播与社交零售的结合发展已经达到了最佳的发力期。为了追赶这一波红利，应当顺应时代的变化而变化，做到不被时代所抛弃，借势小程序直播平台，成就新的营销模式，才能做出意想不到的成绩，达成流量的极致转化。

新手必看：开播权限的标准和申请方法

在抖音直播界面中，可以看到 4 种直播方式：视频、语音、录屏和电脑，如图9-1 所示，每种直播的开通方式是不同的，下面进行具体介绍。

图 9-1

1. 视频、语音直播

目前抖音已经开通了不需要粉丝量也能开通直播权限的正规途径，为广大想要直播的用户进一步放宽了权限。下面简单介绍一下开通视频及语音直播权限的操作方法。

※　第 1 步，在个人中心（"我"界面中），点击右上角的菜单按钮　，在展开的列表中选择"设置"选项。

※　第 2 步，选择"反馈与帮助"选项。

※　第 3 步，选择"直播权限申请 / 直播其他问题"选项。

※　第 4 步，选择"我是主播"选项。

※　第 5 步，选择"如何申请加入工会"选项，需要注意的是，抖音目前只能通过正规官方认可的合作机构的申请。

※　第 6 步，选择反馈教程文章中的"申请加入工会"选项。

※　第 7 步，搜索"爱都时代"（抖音官方正规合作机构，直播收益自提结算）。

※　第 8 步，填写个人基本资料申请直播权限，提交资料。

※ 第9步，等待一段时间，最快5
　　分钟，最慢24小时审核完毕，
　　成功开通直播权限后将收到通
　　知，如图9-2所示，代表你可
　　以开始直播之旅了，同时机构会
　　通过官方信息联系用户并协助正
　　常直播。

图9-2

　　获得直播权限后，点击首页的＋按钮，再点击"开直播"按钮，可选择视频直播或语音直播，如图9-3和图9-4所示。

图9-3

图9-4

2.录屏直播

抖音录屏直播功能多用于直播手机游戏，通过录屏直播可以将手机界面及主播在手机上的操作展示给观众。平时大家热衷或擅长的手机游戏，就可以用录屏直播的方式进行直播，录屏直播开启界面如图9-5所示。

3.电脑直播

电脑直播开启界面如图9-6所示，使用计算机直播会比其他方式烦琐一些，大家可根据提示进行操作。

打开抖音App，点击首页的＋按钮 ，进入拍摄界面后，点击"开直播"按钮，再选择顶部的"电脑"直播模式，切换至相应界面后，如图9-7所示，根据提示复制网址到计算机的浏览器中。

图 9-5

图 9-6

图 9-7

在计算机浏览器中粘贴网址后，下载并安装"直播伴侣"软件，如图9-8所示为"直播伴侣"软件图标，该软件目前仅支持 Windows 系统。安装完成后，启动软件并选择需要直播的平台，这里选择"抖音短视频"平台，如图9-9所示。

直播伴侣
图 9-8

图 9-9

根据提示，打开抖音 App 扫描软件提供的二维码登录个人账号，即可进入软件操作界面，如图 9-10 所示。

图 9-10

"直播伴侣"软件各功能区域说明如下。

※　红色框区域：管理场景、添加素材、切换横竖屏。

※　蓝色框区域：常用直播功能。

※　绿色框区域：开关播控制、性能占用情况、官方公告。

※　黄色框区域：直播榜单。

※　白色框区域：弹幕窗口。

※　中央区域：直播画面采集预览。

拓展讲解

直播对于计算机的配置要求较高，为了确保直播的流畅运行，计算机需满足以下配置需求。另外需要注意的是，在直播过程中，不要关闭抖音 App 或者将手机息屏，否则直播将中断。

秀场直播和手游直播的配置需求如下。

- 操作系统：Windows 7/8/10。
- CPU：双核处理器 2.4 GHz (Intel Core 2 Duo，i3)，2.6 GHz (AMD Athlon，Phenom II)。
- 内存：4G 及以上。
- 显卡：DX11 兼容显卡，1 GB 内存。

游戏直播的配置需求如下。

- 操作系统：Windows 7/8/10。
- 处理器：四核处理器 3.2 GHz (Intel i5，i7)，3.6 GHz (AMD FX，Athlon)。
- 内存：8GB 以上。
- 显卡：DX11 兼容显卡，2 GB 或更多内存。

变现方式：多种途径多重收入

如今观看直播已成为大众喜爱的娱乐方式之一，随着年轻消费群体的崛起，以及移动网络的快速发展，直播带货也进入了风口。直播作为一种原生的内容形式，相比常规视频增加了互动优势，在用户体验方面，直播更为立体，内容更为生动。

目前在抖音平台，直播间可以通过点击主页的"直播内容"按钮快速进入直播间，许多主播会选择以付费的形式，将自己的直播间推广到推荐页面。当直播间进入推荐页面时，就有更高的概率吸引更多的用户进入直播间，开通直播是提升流量获取和转化能力的一种商业玩法，下面就介绍利用直播实现变现的几种常见方式。

1. 直播卖货

越来越多的抖音玩家选择转战直播间，主要原因有以下两点。一是抖音功能空间的拓展，为主播提供了"吸粉"及表现的新舞台。举例说明，此前李佳琦与马云合作的口红销售 PK 直播，李佳琦带货 1000 只口红时，马云老师只有 10 支的带货量，这个结果可想而知，也理所当然。李佳琦作为"口红一哥"，直播带货能力非常强，独有的话术及推荐能力可以快速刺激消费群体产生购买行为。在那场直播中，马云的存在不是为了带货，其定位是为直播引流并制造舆论，加之李佳琦在美妆主播界积累的人气，引发了不错的反响。

二是抖音与淘宝的合作导流得到了决策层的支持。马云愿意在直播中充当配角，一方面说明他对李佳琦直播带货能力的认可；另一方面也表明了其对这种新型促销模式的支持和肯定。在新时期下，直播带货的发展趋势迅猛，未来有无限的可能性。李佳琦在直播间的出色表现，证明了被直播"种草"的消费者的广泛程度，可以说是新时代直播变现的教科书。

李佳琦直播带货不是个例，2019 年 8 月 20 日，丽江市石榴哥直播卖货，造就新经典，销售时长 20 分钟，卖出 120 余吨，最高每分钟成交 4000 单，单场直播创造价值高达 600 万。第一次直播卖货的石榴哥首战告捷，交出了精美的答卷，塑造的石榴哥形象更加深入人心，同时平台的消费者覆盖率更上一层楼。

2. 直播打赏

"打赏"也是目前常见的一种变现方式，许多直播平台和主播都以粉丝"打赏"作为重要的收入来源。粉丝一般会以赠送虚拟礼物的形式进行"打赏"，这些虚拟礼物是通过购买兑换得到的。粉丝"打赏"的行为体现了其参与直播互动的积极性，是直播过程中必不可少的互动方式，如图 9-11 和图 9-12 所示为直播打赏界面。

图 9-11　　　　　　　　　　　图 9-12

3. 广告投放

在直播中投放广告，对消费者而言是一件既省时又省力的事情，如果对广告商品感兴趣可以直接在直播中点击商品链接进行购买。现在许多直播赛事或大型晚会都会有赞助商冠名，还有些广告商会选择在直播过程中投放广告，这有些类似平时大家所看的电视广告，但因为现在长时间收看电视的人群减少了，并且一些直播也不会选择在电视上投放，所以各个直播平台就有机会与这些品牌商直接合作，并从中赚取广告费。

4. 付费内容

在部分直播平台中，并不是所有的直播内容都可以随意观看，有些内容是需要进行付费后方能收看的。在直播平台收看付费内容，取决于用户的个人意愿。目前付费的直播内容比较少，但是伴随着直播内容的创新、优化及版权意识的加强，内容付费是未来直播发展的必经之路，也将是直播变现的重要方式之一。

[02] 直播带货：提高直播间人气很重要

相较于传统电商，直播带货更为真实地还原了消费者的线下购物体验，通过主播真实的展示和讲解，影响消费者的购买决策，并通过推销手段提高产品的销量。在很大程度上，直播带货拉近了商家与消费者的距离，带动了零售业的巨大变革。

分享功能：开通抖音商品分享功能

抖音商品分享功能包含了个人主页商品橱窗、视频购物车、直播购物这三大功能，这些功能主要用于帮助用户通过橱窗了解商品详情及购买商品，下面就介绍在抖音平台申请商品分享功能的条件。

1. 抖音橱窗

抖音账号需要同时满足以下条件，方能解锁"视频购物车"权限。

※　粉丝量在 1000 以上。
※　发布 10 个以上视频。
※　完成实名认证后，申请个人主页商品橱窗。
※　通过上述审核后，在 10 天内完成新手任务。

进入抖音 App，切换至"我"界面，点击右上角的菜单按钮 ，然后在打开的列表中点击"创作者服务中心"|"商品橱窗"|"商品分享权限"选项，之后按照步骤提示操作即可，申请完成后需要等待审核，审核通过即可添加商品链接，如图 9-13~ 图 9-17 所示。

2. 抖音小店

在"商品橱窗"界面中点击"开通小店"选项，按照提示允许权限，然后进入认证页面，如图 9-18 所示，根据提示步骤完成认证即可。

图 9-13

图 9-14

图 9-15

图 9-16

图 9-17

图 9-18

直播带货：争取更多成交收入

从 2018 年开始，抖音逐步引入了商品橱窗、关联淘宝、自营店铺等功能，并逐步引导抖音自媒体号主利用视频或直播进行流量变现。想要利用直播争取更多的成交收入，需要做好相关的准备工作，选择优质的产品，打造优质的直播间，这样才能有效吸引粉丝并实现价值转化。

1.开播前进行选品管理

直播商品的吸引力、竞争力可以直接影响到直播的转化效果。在直播前，直播团队必须认真根据品牌、直播主题及直播目的选择符合要求的商品。一般来说，直播中卖得好的产品需要符合与目标用户需求匹配度高、产品性价比高的特性。

此外，开播前的选品管理还可以从以下几点出发。

※ 新品首发：品牌每次的新品发布，都可以看作是对之前产品的更新。产品的新亮点、新设计、新材质等，对于品牌的忠实粉丝来说都具有强烈的吸引力。选择以直播的形式呈现新品，可以充分吸引品牌的忠实用户关注，快速打开新品市场。

※ 热销爆款：热销爆款是品牌及其门店业绩增长的重要支柱，在直播间也可以充分利用爆款来引流，提高直播的竞争力。商家在打造爆款时，可以重点从新奇感、疗效感、用户易分享及低消费门槛4个角度来选择。

※ 特价清仓：库存积压给商家带来很大的运营压力，以特价方式将库存清掉，在回馈粉丝的同时，也能快速回流资金。

※ 主题商品：每一场直播都有一个对应的主题，在直播间除了重点推荐主题商品，还可以介绍周边、搭配商品，例如连衣裙主题可推荐匹配的腰带、鞋子或箱包等，此外还可以推荐一些时令商品，以带动整体销量。例如开设"口红专场"主题，可以在介绍完各种品牌色号之后，适当进行搭配产品的推荐，如腮红、眼影、唇刷、润唇膏等。

※ 组合选品：按价格区间挑选商品，在直播不同时间段上线不同价位的产品。例如，梦洁家纺在直播中将产品分为低档、中档、中高档及高档4个等级，并结合前期直播经验，总结并及时调整策略，在拉动销量上选取价格相对较低、性价比高的产品。在品牌形象的打造上，则选用品牌经典款和热销款，以增强用户对品牌的认知。

拓展讲解

当直播选品类别确定后，接下来可重点优化直播间商品分布与各SKU的占比，例如可设置为热销爆款10%＋新品首发10%＋特价清仓款10%＋常规款40%＋利润款20%。其中爆款与新品帮助品牌增加竞争力获取直播流量；特价清仓款快速清库存，回笼资金；常规款与利润款则在丰富品类的基础上，维持销量提升利润。

2.增删商品和调整顺序

在前期对直播间货品进行筛选，匹配标签一致的主播，提炼产品的价值及卖点，并规划好产品在一场直播中的价值定位。等直播开始后，要思考产品是以什么样的顺序上架，或者已经安排好的顺序在直播开始后是否要进行调整。一个有经验的主播或者有经验的运营团队，一定会按照直播过程中的实时数据变化来调整货品规划。

开播之初，先进行热场互动。主播可以对当天的福利活动及秒杀产品进行简单介绍，例如整点秒杀，整点抽免单、买赠等。在直播开场时，可发放"宠粉"福利，如常见的"宠粉"引流产品组合。有些"宠粉"款看似是"宠粉"，实为引流，而且"宠粉"款的商品，除了能留住直播间的粉丝，也可以给后面利润款的商品带来成交。接下来进入的是利润款，也就是当场直播的主打商品。值得提醒的是，利润款最好与"宠粉"款相关，以便主播将"宠粉"款顺利过渡到利润款。此外，介绍一款产品的时候，介绍时长最好不要超过 10 分钟，以免观众产生视听疲劳感。

拓展讲解

产品顺序，即直播时先播什么产品，后播什么产品。产品顺序能直接影响到直播间的人气和流量。直播带货并不是简单地把橱窗里的产品全部上架，然后罗列到直播间依次介绍就行了。不同的产品排列顺序，对观众留存、下单转化有着不同程度的影响。观众从进入直播间，到离开直播间可能就几秒钟，在观众驻足直播间的这段时间，如果没有吸引他的商品，几乎可以断定流失了这个客户流量。所以说，产品的顺序，包括主播的"黏粉"能力都是很重要的。

3.商品讲解可弹出商品卡

在进行抖音直播时，主播进入购物袋列表，选择指定商品点击"讲解"按钮，即可进入该商品的讲解时间，粉丝端会弹出对应的商品卡片，如图 9-19 所示。此时，点击购物车自动定位该商品。购物袋默认弹出购物袋排序第一的商品，30 秒内主播多次点击讲解功能，粉丝端只会弹出一次商品卡。

拓展讲解

主播可以在后台设置商品优惠券，直播间商品列表会展示"优惠券"标签，点击商品列表进入"商品"页、"种草"页领券后购买，另外，直播中有趣的标题和好看的封面，也可以吸引更多的人气。

4.商品购物袋显示来源标签

在开始直播前，主播需要将小店的商品添加到购物袋中，在观众观看直播时，可点击屏幕下方的购物车按钮查看所有商品，如图 9-20 和图 9-21 所示。

图 9-19　　　　　　　　　图 9-20　　　　　　　　　图 9-21

[03]　集中扫盲：细节成就高品质直播间

　　许多新手主播在开通直播权限后，最初几周热情满满，没过多久因为直播间反馈不明显便开始放弃。殊不知，做直播需要的是坚持，以及不断地学习和优化。直播卖货是一门技术活，并不是在镜头前简单地讲解商品就可以，而是需要长期坚持和优化才能看到效果的。

封面：高辨识度且符合主题

　　观众收看直播首先看到的是主播的头像和封面。对于主播来说，头像和封面的好看程度决定了观众是否会被吸引并进入直播间。制作封面时，主播可使用自己的艺术照，配上合适的文字，以美观、简洁、大方的形式呈现。

　　直播封面是观众选择进入直播间的契机，美观的封面（或头像）能让观众在众多直播间中一眼看到，并吸引观众进入直播间。下面总结4点设计直播间封面的技巧。

　　※　画面清晰：画面清晰是设计封面的基本要求，因此建议使用高清图片作为
　　　　直播封面。

　　※　主播出镜：在设计封面时，可以加入主播照片（清晰的人物照片），如图
　　　　9-22 所示。这是打造个人辨识度的基本要求，目的是让观众一眼就能辨识
　　　　到负责直播活动的主播。

※ 文案简洁：封面图片上的文字不宜过多，单行文字尽量控制在10个字以内，突出重点文字。

※ 打磨文案：文案要反复打磨，有趣、有重点、有新鲜感的文案，可以吸引到更多人观看直播。

图 9-22

设备：建立更专业的直播间

工欲善其事，必先利其器。打造一个优质的直播间不仅取决于主播、运营团队和产品，还取决于直播时使用的麦克风、灯光、摄像设备等。本节就介绍搭建专业直播间需要准备哪些基本设备。

1. 手机

使用手机直播时，需要准备两部手机，一部用来直播，一部用来做伴奏（带货主播可以用来做客服）。建议大家使用像素及处理器较为高端的手机，一来确保画质清晰，二来确保传输过程中画质不会被压缩。直播过程中要持续为设备供电，并确保网络的稳定性，以免造成直播中断。

2. 外置声卡

选择一块优质的声卡可以避免直播过程中产生杂音、延迟、失真等问题。一些娱乐类的声卡还具备混响、电话音、变声等功能。选择的外置声卡需要兼容手机、计算机、平板电脑等，同时要支持多设备连接，即可以同时支持多台手机直播、多个麦克风连接，这样就能满足两个人同时直播，或者多平台同步直播。

3. 麦克风

麦克风的品牌种类很多，大部分主播会选择电容麦克风，如图 9-23 所示。电容麦克风的优点是频率范围广、音色细腻；缺点是对收音环境要求高，价格略高。如果是做食品类（需要试吃）直播的主播，最好选择领夹式麦克风，这样收音会更为便捷。

安卓手机、iPhone 和数码相机的使用接口不同，在使用时注意区分或者准备转线。

4.设备支架

支架的形式非常多，如图 9-24 所示，有多个机位（手机＋声卡＋麦克风＋补光灯）一体的，也有独立式、落地式及台式等形态的支架，根据自己的需求选择即可。用于直播的支架应当重点考虑支架的可伸缩及可扩展性，其次是稳定性要好、占地面积要小。

图 9-23

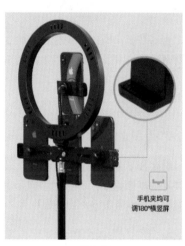

手机夹均可
调180°横竖屏

图 9-24

5.补光灯

在直播时，使用补光灯能够营造光线充足的拍摄环境，通过补光灯加持的画面画质清晰、色彩动人。此外，主播在补光灯下直播，整体看上去肤白水灵，个人魅力可以得到很好的展现。目前市场上用于直播的补光灯价格不一，款式也大不相同，对于初涉直播行业的新人来说，建议选择自己经济承受范围内的补光灯。如果想做得更为专业，提升预算也能有更好的选择。

目前使用较普遍的是环形补光灯，如图 9-25 所示，其大小一般在 10~18 英寸，优点是价格便宜、柔肤效果好，环形灯能在人眼中反映出一个环形亮斑，使人眼看上去特别有神。其次用得较多的是 LED 补光灯，LED 补光灯的缺点是直接打光时，光线呈现会比较生硬，因此需要借助柔光罩、反光板、柔光纸等进行辅助打光，这样可以让呈现的光线更加柔和、明亮，如图 9-26 所示。

图 9-25　　　　　　　　　　　　　图 9-26

6.背景布置

直播背景的总体要求是干净明亮、整洁大方，搭建背景墙时可以选用浅色或纯色背景布。此外，可以根据主播的个人风格进行适当装饰，也可以根据当日的产品或活动贴上相应的广告图或产品图。布置背景时，不建议使用花里花哨的图案或大红大紫的颜色作为背景。

内容：重点突出且有条不紊

有些新手主播在刚开始直播时，因为没有足够的粉丝，仅有的粉丝黏性也不高，后续发现越来越难，只能选择放弃。其实要做好一场直播，也是需要提前进行策划的，做好相应的准备工并对内容进行优化，这样才能确保后续的直播工作有条不紊。

1.内容策划

在内容的策划上，可以根据粉丝关心的话题、节日、产品或品牌等进行选择，也可以策划一场产品上新活动、店铺爆款优惠活动等，要把对消费者的好处展现出来，要想清楚直播是为了吸引谁，或者谁是主要的客户人群。从这一角度出发，直播的内容就是消费群体所关心的内容。如果没有吸引客户的点，那客户很快就会走开，毕竟现在做直播的人那么多。

对消费者而言，具备吸引力的东西一般是对自身有好处的东西，例如在直播间中购买可以得到比平时更低的价格，或者得到更多的赠品等。如果在价格上无法让人心动，可以在直播的内容上多下功夫，如果消费者通过直播能学到一些东西，那么他们也会认为这场直播是不错的。主播要记住，内容策划就是要从消费者的角度出发，学会换位思考，消费者喜欢什么，如何和消费者互动，通过互动把普通听众变为忠实粉丝，这样才能形成有效转化。

2.互动玩法

虽然主播的主要目的是卖货，但是在直播间也可以适当进行才艺展示、增加和粉丝的互动。这里的互动可以通过建立各种游戏方法，例如一起做一个游戏、共同合唱一首曲目，或者是直播间点赞达到多少时，主播或助理唱一首歌等，通过这种互动方式，可以很好地调动直播间的气氛，也能让观众体验到直播间的趣味性。

在大家的常规认知中，可能觉得在晚上 8~10 点这个时间段直播是最好的，但是也要考虑自身直播间针对人群的时间是否合适，例如母婴直播间面向的粉丝群体是"宝妈"，"宝妈"在晚上 8~10 点这个时间段可能需要哄孩子睡觉，而且这个时间段许多大主播都在直播，那么在这个时间段直播就不太适合了。各位新手主播可以在多个时间段测试一下，找到适合自己的黄金直播时间段。

确定直播时间段后，下次就在固定时间段进行直播，培养粉丝的观看习惯。直播时可以准备一些福利，例如直播专属优惠券、送礼物、抽奖和免单等，以此来带动粉丝互动并把控直播节奏。

此外，直播中货品的构成也是非常重要的。货物构成中有引流产品、形象产品、搭配产品、利润产品和福利产品等。其中，利润款一般是主播主推的产品，引流产品是店铺中比较具备竞争力的产品。引流产品的知名度高、性价比高、需求量大，一般是刚需产品，这类产品安排 10%~20% 的比例即可。

同场直播的同类产品数量不宜超过 3 个，否则会给消费者造成选择困扰。

3. 基本话术

作为主播，要具备基本的礼仪，例如对新进入直播间的观众表示欢迎，对刷礼物的观众表示感谢等，同时要适时地引导大家关注直播间。这里整理了一些直播间常用的话术，希望对各位新手主播有所帮助。

※　欢迎所有新进来的朋友！

※　欢迎来到主播的直播间，点个关注不迷路。

※　喜欢主播可以点击视频左上角的加号，关注一下主播！

※　喜欢主播的可以加入主播的粉丝团！

4. 歌单分类

在直播间中，背景音乐是不可或缺的一个因素，背景音乐既能活跃直播间气氛，又能拉近主播和观众之间的距离。许多主播会提前整理自己的歌单，例如一些才艺类的主播会准备一些安静的歌曲，带货主播会准备一些轻松欢快的音乐，大家可以根据自身的喜好或直播间的风格来组织歌单。

互动：及时互动且及时答疑

有些新手主播因为拘谨、放不开，造成直播间因为互动不够而冷场。其实性格并不是决定因素，许多新手主播大多是因为心理压力或不懂直播技巧造成直播间热度不够。新手主播在初涉直播时，大多已经做好了心理准备，只是一时间不适应与陌生人进行互动。即使互动了，得不到很好的反馈，也会感到不知所措，无形之中给自己施加了压力。其实这都是开播前准备不充分造成的，即使在现实生活中，再优秀的人或作品也很难得到百分百的好评，何况是在开放度这么高的网络环境中，主播也不可能讨得所有观众的赞同。众口难调，对于主播来说只能想办法通过互动技巧来拉近与观众的距离，能赢得大部分观众的信任和喜爱，直播就成功了一大半。

下面分享几个在直播间提升互动效果的小技巧。

1. 丰富的表情动作

相声和小品的区别在于，小品不仅能听，还能看，兼具了视听两种感受。直播也一样，失去了表情和肢体动作，就等于失去了一半的观赏性。平时大家化妆美容，是为了塑造静态的视觉享受，表情动作则是塑造动态享受。

对于观众来说，收看直播视频首先要满足视觉上的需求，所以主播在进行言语表达的同时，不妨同步加上表情和动作，动态要比现实中的夸张一些，表情动作可延长几秒，因为观众也需要一定时间接收这些信息，观众看到互动反馈，才会消化接收到的信息，得到较高的参与感。

拓展讲解

主播在收到礼物后，可合理表现自己的惊喜或其他情绪，适当地比画一些感谢的手势。即使在唱歌等才艺展示环节，也可以增加一些灵动的手势或表情。

2. 多说礼貌感谢语

在直播间耍大牌、装作看不见等同类行为，是很不受观众待见的。直播带货在一定程度上算作服务行业，即使主播走得是冷艳路线，做人基本的礼貌还是要有的。在不降低表演品质的情况下，尽量多表达自己对观众的欢迎和答谢。在收到粉丝打赏的虚拟礼物时，无论多少，方便时就点名答谢一下。

3. 平时多积累段子

为什么天津的相声火，东北的主播红，很大一部分原因是其幽默搞笑的语言风格，毕竟让人快乐的东西谁会不喜欢呢？幽默最大的好处不只是引人发笑，还可以灵活地应对一些难堪的局面，将劣势扭转为优势，成倍增加主播的个人魅力。

对于新手主播来说，如果自身不具备搞笑天赋，那就多做些功课，平时可以多去一些搞笑大主播的直播间学习一些好段子，刚开始可以用记录的方式，将稿子放在镜头看不到的地方，直播时扫几眼用于回忆。讲段子时可以搭配一些当前的热门话题，建立这种思维和习惯后，以后的直播会越来越顺利，直播间也不会显得那么冷清了。

4. 扬长避短留一手

大多数人对超出心理预期的人或物都会产生浓厚的兴趣和好感。大多数观众对于一些新人主播的心理预期不会太高，所以各位主播对自己的才艺不要自吹自擂，如果最后展示没有达到观众的期望值，很容易造成粉丝流失。大家可以准备两种及以上的花样或绝活，留下一个不轻易展示的保留才艺，看准直播间气氛进行展示。即使对自己的节目没有信心，也不要因为怕冷场应粉丝要求勉强拿出来，确实无法推脱的时候就拿出隐藏的那一手，扬长避短，免得拙劣的表演让粉丝失望。

5. 巧用"连麦"拉动人气

直播时与其他主播连麦，可以为自己的直播间带来更多的人气。对于找不到连麦对象的新手主播来说，可以尝试连麦等级差别不大的主播，通过真诚的交流慢慢建立稳定的"麦友"圈子。

6. 利用搞笑道具互动

大部分直播平台会提供许多有趣的虚拟道具，例如跑车、飞机、游轮、钻戒、小黄瓜等。观众可以通过给主播送虚拟礼物的方式，及时表达自己的情感、想法，这是直播平台上常见的互动方式。

7. 直播歌曲

某些主播会通过"喊麦"、卖萌等方式娱乐观众，以达到活跃直播间气氛的目的。"喊麦"通常是以说唱的形式展开，歌词押韵、朗朗上口；卖萌则是主播通过模仿儿童口齿不清、气息不稳的声音唱歌，同时配合一些可爱的表情和动作。对于喜欢唱歌的主播来说，呈现的方式有很多，大家可以多看、多学习，找到适合自己的表演方式。

情绪：稳住情绪且泰然处之

大家都知道，直播时稳住心态是一件很重要的事，因为直播时，主播的情绪会直接影响到整个直播间的氛围。良好的心态有助于打造优质的直播间气氛，从而拉高直播间的收益；反之，在直播时心态不佳、情绪失控，则很容易造成粉丝流失。

下面总结几条直播经验。

1. 保持自信

想保持良好的直播心态首先要学会自信，自信是成功的前提，也是快乐的秘诀。俗话说"尺有所短，寸有所长"，即使现在的你是一个毫不起眼的小主播，但要相信自己有一天也能成长为大主播，每个人各有所长，各有所短，也有自己的无限潜能。做主播不能光想着自己的缺点或短处，做一个自信的人，首先接纳自己，观众和粉丝才会接受你。

2. 避免对比

主播要切记一点：不要总拿自己的缺点跟人家的优点比。一定要学会赏识自己、悦纳自己、勉励自己。如果做不到，不妨尝试以下做法。

※ 梳理自己第一次收到虚拟礼物时的体验和经验。

※　坚持写直播日记，写主播培训摘抄。

※　将自己的优点罗列在纸上，同时写一两句能激励自己的名言警句或座右铭，每次直播的时候贴在墙上等随处可见的地方，用于在直播时激励自己。

3. 学会宽容

直播时遇到"黑粉"是很常见的事情，他人带有羞辱性质及过激的言论很容易影响到心情。面对直播间涌入的低俗言论，主播在面对这种情况时，一定要学会泰然处之，培养自己宽广的胸襟。一味地生闷气，或者因为过激言论与他人爆发争执，只会让自己得不偿失。大家要始终明确一点，直播间要向大众传递正能量和积极的情绪，这样的直播间才是优质的直播间。

时间：培养粉丝的观看习惯

大部分新手主播会纠结一天当中在哪个时间段直播是最合适的，晚上观众多、机会大，但是大主播都纷纷上线，资源根本抢不过；白天观众少，感觉直播间人气不够。

下面就详细分析不同的直播时间段，可以根据自己的实际情况来决定。

1. 早上5点~10点

新人主播可以选择在早上 5 点 ~10 点这个时间段直播，相较于其他时间段，早上直播的主播较少，对于新手主播来说同行竞争压力会小一些。

需要注意的是，早上这一时间段属于碎片化时间，由于大部分人有工作要处理，所以主播很难将这部分人长时间留在直播间。对于这部分观众，主播要做的是利用起他们的碎片化时间，即上班通勤的这个时间段，此时重点表现，争取把观众转化为直播间的长期有效粉丝。

2. 下午3点~5点

这一时间段看直播的人数会比早上稍多，适合中小主播直播，尤其是在下午 2 点 ~4 点这个时间段，观众的心理防线会比其他时间段降低一些。如果主播的表现力不错，这个时间段很容易收获观众好感及礼物。其次，在接近下午 5 点时，由于许多人处于等待下班的状态，在这段懒散、放松的时间里，大家收看直播的可能性还是很大的。

3. 晚间7点~12点

这个时间段属于"高手云集"的时间段，许多大主播会选择在这个时间点开播，各种出手阔绰的粉丝也纷纷出动，大主播们往往能在这几个小时内收获大批人气和收益。中小微主播在这个时间段直播，面临的竞争压力是比较大的，所以要慎重选择在这一时间段直播。

4.深夜12点~7点

深夜 12 点 ~7 点这个时间段，相对于前一时间段来说，竞争会小一些，但是大部分观众在这个时间点会产生疲劳感，如果内容不够精彩，是很难留住观众的。但这个时间段的优势在于，观众的心理防线是随时间而逐步降低的，尤其是凌晨 2 点左右，出礼物的概率是比较大的。

粉丝：灵活运营增长人气

随着直播时间的增长，主播会认识和积攒越来越多的粉丝。有些粉丝会因为时间和内容等各种原因流失，对于主播来说，放任粉丝出走是不妥的，平时要及时更新粉丝群，降低粉丝管理压力，同时在直播过程中，要积极与粉丝互动。

主播的成功离不开粉丝，粉丝是主播的支持者，也是主播持续直播的动力。对于主播来说，粉丝也是需要经营的，这样才能让自己的直播之路走得更远。下面就总结一些经营粉丝的技巧。

1.尊重并善待粉丝

对待粉丝必须心怀感恩，在平时直播时，多与直播间的粉丝互动，给粉丝留下较好的印象，想要得到粉丝的拥护首先要尊重粉丝，这也是增加粉丝黏度的重要因素。下面介绍一些尊重粉丝的要点。

※ 心存感激：接受粉丝赠送的虚拟礼物后，要及时感谢，心中常存一份感激，与粉丝的关系才会更加和谐。

※ 同频共振：主播与粉丝之间，如果能主动寻找共鸣点，使自己的"固有频率"与粉丝的"固有频率"一致，就能很好地增进彼此的友谊。

※ 真诚赞美：当粉丝有值得褒奖之处时，应给予诚挚的赞许。赞美，不仅会把铁杆粉丝团结得更加紧密，还有概率让观众转化为自己的粉丝。

※ 诙谐幽默：机智风趣、谈吐幽默的主播往往能收获更多的粉丝，大多数观众不愿同动辄与人争吵，或者郁郁寡欢、言语乏味的主播聊天。

※ 宽容大度：主播与粉丝交流时，难免会产生意见冲突。在这种情况下，主播多一分宽容，就会赢得一个绿色的人际交往环境。不要对别人的过错耿耿于怀、念念不忘。正是因为有了宽容，路才会越走越宽。

※ 诚恳道歉：如果不小心得罪了粉丝，应当真诚地向粉丝道歉，这样不仅可以化解矛盾，还能促进双方心理上的沟通，缓解彼此的关系。

2.参加活动和比赛

游客性质的观众并不会主动进入哪个主播的直播间，所以作为主播，增加自身或直播间的曝光量就非常有必要了。有机会可以多参加平台的活动和比赛，平台的比赛一般场面较大，去的人也多。参加比赛，让更多人看到你的努力和才艺，看到不一样的你。把自己推销出去了，离成功就不远了。

3.直播间串场

作为主播,如果只窝在自己的直播间,接触到的观众是有限的。如果想接触到更多的观众,获得更多的流量,不妨去其他直播间"串个门"。当主播以"粉丝"的身份去到其他直播间,并尝试与其他粉丝聊天交友,那就有可能将其转化为自己的粉丝。此外,主播与主播之间建立良好的合作关系,也能实现粉丝资源的共享。

4.参与PK游戏

直播时,可以多发动或参与一些PK游戏,如图 9-27 所示,通过与其他主播的互动,可以达到交换粉丝的目的,粉丝会有明显的叠加效果。

图 9-27

5.与粉丝保持联系

与粉丝保持紧密的联系,根据不同层次的粉丝资源分类,确定相应的关系。在常规的节假日,或对方生日这种特殊的日子,不妨打一通问候电话或发一条祝福短信,或通过 QQ、微信等社交软件进行沟通交流,这些小细节都是维系和巩固关系的黏合剂。

此外,主播可以适当举办一些线下粉丝活动,进一步加深与粉丝的关系,为彼此留下更深、更好的印象,通过这样的机会还能结识更多的新朋友。

6.建立粉丝团管理粉丝

随着近几年直播产品的快速发展,粉丝团功能已经成为秀场类直播产品的基本功能之一。直播粉丝团功能,指的是观众通过付费方式加入主播的粉丝团,可以成为主播粉丝团的成员,并在直播间中享受到粉丝的各项权益,加入粉丝团的粉丝可以通过粉丝团任务,提升自己和主播的亲密度。

加入主播粉丝团的核心诉求是让主播更多地关注自己,让自己在直播间有更多的存在感。通过加入主播的粉丝团,可以获得粉丝团成员的专属标识,也更容易获得主播的关注,增加与主播互动和聊天的机会。对于主播来说,创建粉丝团可以让粉丝获得更高的归属感,他们可以通过成为粉丝团成员,获得与主播和其他成员互动的机会,更好地表达自己的观看体验和感受,主播也可以从他们提出的意见中得到成长。